Bischof Joachim Reinelt
IM GESPRÄCH MIT   FRIEDHELM BERGER

Provokation und Aufbruch

Bischof Joachim Reinelt
IM GESPRÄCH MIT FRIEDHELM BERGER

Provokation und Aufbruch

SANKT
ULRICH
VERLAG
GmbH

Die Deutsche Bibliothek – CIP-Einheitsaufnahme

Reinelt, Joachim:
Provokation und Aufbruch: Bischof Joachim Reinelt im Gespräch mit
Friedhelm Berger. - Augsburg : Sankt-Ulrich-Verl., 2002
(Im Gespräch)
ISBN 3-929246-83-X

© 2002 by Sankt Ulrich Verlag GmbH, Augsburg
Alle Rechte vorbehalten
Umschlaggestaltung: UV Werbung, Mediengruppe Sankt Ulrich Verlag, Augsburg
Titelbild: Friedhelm Berger
Druck und Bindung: Ludwig Auer GmbH, Donauwörth
Printed in Germany
ISBN 3-929246-83-X

Inhalt

Vorwort 7

Deutschland, heidnisch Vaterland? 10

„Auferstanden aus Ruinen":
ein menschenverachtendes System 11
Die Hybris verschätzt sich:
von der Stärke des Schwachen 24
Für unser Land gilt: Aufbruch oder Zusammenbruch! 29
Kirche, raus aus dem Versteck! 35
Leben ist immer tödlich 39

Warum paßt sich die Kirche nicht an? 46

Aus dem Geheimnis Kraft schöpfen
oder Christus vors Schienbein treten? 50
Revolution des Geistes und der Moral 61
Konsumtempel, Spaßreligion und Sexkult
in der Outing-Gesellschaft 65
Bioethik: der Mensch als Hühnerei? 77
Geld oder Leben! 81
„Mein Joch drückt nicht und
meine Last ist leicht" (Mt 11,30) 86
Wacht auf! 95
Märtyrer und Kreuzritter 107

Die Struktur der Provokation 120

Vom richtigen Denken 120
Unverfügbare Wahrheiten? 125
Göttliche Pläne und demokratische Schwächen 128
Aktion: Rettung des Menschen 136

Vorwort

Kirchenfürst mit verknöcherten Ansichten, Wächter antiquierter Moralvorstellungen, höherer geistlicher Würdenträger mit scheinheiligem Gehabe, unnahbarer Halbgott mit Mitra und Bischofsstab ...
Was für Vorurteile kann man nicht alles gegenüber einem Bischof haben?
Zugegeben, auch ich hatte vor meiner ersten Begegnung mit Joachim Reinelt, dem Bischof von Dresden-Meißen, so meine Bedenken. Wie wird der Bischof auf das durchaus heikle Buchthema „Provokation und Aufbruch" reagieren? Wird er den direkten, oftmals frotzelnden und mitunter sehr persönlichen Fragen eines knallharten Journalisten ausweichen und sich stattdessen in frommen Bibelsprüchen ergießen?
Um es gleich vorweg zu sagen: Ich wurde in jeder Hinsicht eines Besseren belehrt. Ich habe einen Bischof erlebt, wie ihn sich die Katholiken von heute nur wünschen können: unkompliziert, offen für jeden Dialog, ehrlich und verblüffend mitreißend in seinen Antworten, bescheiden in seinem Auftreten, keinem – auch noch so heiklen Thema – ausweichend. Vor allem aber begeistert von der Jugend und stets dem Menschen und seinen Problemen nah.
Zwei Begebenheiten werden mir aus den Zusammentreffen mit Bischof Reinelt besonders in Erinnerung bleiben. Charakterisieren sie ihn doch in einer beeindruckenden Weise:
So trat mir Joachim Reinelt beispielsweise zum vereinbarten Fototermin für das Buch-Cover nur in einem schlichten schwarzen Anzug entgegen. Als er mein erstauntes Gesicht sah, meinte er: „Warum wundern Sie sich, Sie müssen wissen, ich bin in erster Linie Priester." Und dann fügte er lachend hinzu: „Aber damit Sie zu vernünftigen Fotos kommen, verkleide ich mich auch gerne als Bischof."
Während eines Gesprächstermins zeigte ich dem Bischof einmal beiläufig einen Ausstellungskatalog des bayerischen Künstlers Andreas Kuhnlein, der zu den bedeutendsten Holzbildhauern

VORWORT

unserer Zeit zählt. Joachim Reinelt blätterte ihn interessiert durch und sprang plötzlich aus seinem Sessel auf. „Hier, sehen Sie, diese expressive, dreiteilige Skulpturengruppe mit der Bezeichnung ‚Befreiung‘, genau das ist es." Dann ließ er mich verdutzt sitzen und verließ eilig den Raum. Nach einer Weile kam er zurück und klärte mich in Ruhe auf: „Ich habe gerade den Auftrag gegeben, die Skulpturen anzukaufen. Sie glauben gar nicht, wie lange ich bereits nach einem geeigneten Kunstwerk für die ‚Märtyrer von Dresden‘ gesucht habe." Und dann erzählte mir Bischof Reinelt sichtlich bewegt die Geschichte von fünf Jugendlichen des Salesianer-Oratoriums aus Posen, die 1940 von den Nazis verhaftet und am 24. August 1942 wegen ihres Glaubens in der Dresdner Richtstätte am Münchner Platz hingerichtet wurden ... (vgl. S. 107 f.)
Die Skulpturengruppe von Andreas Kuhnlein – sie zeigt eine menschliche Gestalt, die sich in drei Stadien aus dem beengenden Kubus eines Baumstammes herausarbeitet und gleichzeitig ihre Entmaterialisierung und Vergeistigung andeutet – befindet sich mittlerweile im Besitz des Bistums Dresden-Meißen. Bischof Reinelt gab dem aussagekräftigen Kunstwerk in der berühmten Dresdner Hofkirche von König August III., die gleichzeitig Bischofskirche ist, seinen ständigen Platz – natürlich als aufsehenerregendes Mahnmal für die „Märtyrer von Dresden".
Joachim Reinelt ist seit dem 20. Februar 1988 Bischof von Dresden-Meißen. Der größte Teil seines Bistums liegt in Sachsen mit den großen Städten Leipzig, Dresden und Chemnitz. Allerdings sind die Grenzen des Freistaates und der Diözese nicht identisch. Der zu Sachsen gehörende Niederschlesische Oberlausitzkreis und die Umgebung von Hoyerswerda sind Teil des Bistums Görlitz. Sächsische Gebiete im Norden Leipzigs zählen einerseits zum Bistum Magdeburg, andererseits gehören zu Dresden-Meißen einige Teile Ostthüringens mit der Stadt Gera (ca. 132 000 Einwohner) im Tal der Weißen Elster. In der Diözese leben etwa 180 000 Katholiken. Das sind rund 4 Prozent der Einwohner. Dazu kommen 20 bis 25 Prozent evangelische Christen. Die meisten anderen Menschen sind ohne Konfession. Für die Katholiken bedeutet dies eine Diaspora-Situation. Das heißt, sie leben

VORWORT

verstreut im Lande, was die Seelsorge nicht gerade einfach macht. Gegliedert ist das Bistum in 9 Dekanate mit 165 Pfarreien und Pfarrvikarien. Bischofssitz ist seit 1980 Dresden.
Bischof Reinelt gilt zweifellos als Experte in Sachen deutsche „Ost-Kirche". Hautnah hat er den Aufbruch der Kirche beim Zusammenbruch des Sozialismus in der DDR miterlebt. Jeden Tag blickt er von seinem Arbeitszimmer auf die Trümmer, die gleich zwei Diktaturen hinterlassen haben. Zu den geistigen Ruinen gehört auch ein kirchenfremder Osten. Kann die Kirche nochmals zum Aufbruch provozieren? Das vorliegende Buch soll Antwort auf die Frage geben und Anstoß zugleich sein.

Friedhelm Berger

Deutschland, heidnisch Vaterland?

Exzellenz, wenn Sie hier in Dresden aus Ihrem Arbeitszimmer schauen, blicken Sie auf Ruinen ...

Mein Leben hat sehr früh mit Ruinen angefangen. Bald nach einer sehr fröhlichen und glücklichen Kindheit in Neurode im romantischen Glatzer Bergland erlebte ich mit acht Jahren den Krieg zunächst aus 100 Kilometer Entfernung in der Nacht vom 13. zum 14. Februar 1945 bei der grausamen Zerstörung Dresdens. Der Himmel schien zu brennen ... Dann erlebte ich die Großangriffe in Aussig. Rauchende Ruinen und tote Menschen. Bei der Vertreibung nach 1945 ging der Begriff Heimat in Trümmer. Als wir mit unserer Familie in Radeberg neu anfingen, starb unser Vater an einer eigentlich harmlosen Krankheit mangels Medikamenten. Gewissermaßen alles in Trümmern. Kein Tisch, kein Stuhl, kein Bett.
So erinnern mich die Ruinen des noch nicht wieder aufgebauten Schloßflügels der Dresdner Residenz vor meinen Fernstern an meinen Anfang in Sachsen.
Ich kann aber auch täglich sehen, wie diese Ruinen die Touristen beeindrucken. Die Jüngeren kennen Kriegsfolgen nur von Bildern. Hier ist die Zerstörung noch anfaßbar. Ein unübersehbares Zeichen. Es sollte als wichtiges Denkmal erhalten bleiben. Wir brauchen die Mahnung. Die Jugend muß „be-greifen" können, was Haß bewirkt.
Übrigens erinnert diese Schloßruine auch an das typische, bautechnische Unvermögen in sozialistischer Zeit, für die Aufbauarbeit einen Kran im Schloßhof aufzustellen, ohne noch Vorhandenes zu zerstören. Man schlug kurzerhand eine Bresche in den Schloßflügel und zerstörte so Weiteres. Zweimal Zerstörung: Zuerst durch Bombenterror, begonnen durch nationalsozialistischen Völkerhaß, dann durch Bausünden in einem

wirtschaftlich und technisch aus ideologischen Gründen hoffnungslos zurückgebliebenen, sozialistischen System.

„Auferstanden aus Ruinen": ein menschenverachtendes System

Der Sozialismus, dessen deutsche Staatshymne paradoxerweise „Auferstanden aus Ruinen" hieß, hat sich ja nicht nur in Bausünden niedergeschlagen. Oder würden Sie sagen, die DDR war ein mißglücktes, aber gut gemeintes Experiment, mit sozialer Sicherheit, Ruhe und Ordnung, mehr oder weniger freiwilliger Solidarität und vielleicht ein bißchen zuviel Freiheitsbeschränkung?

Es ging nicht um ein klein wenig Freiheitsbeschränkung, sondern um ein menschenverachtendes System, in dem für Andersdenkende kein Platz war. Die Angst, die die Menschen in der Hitlerdiktatur durchlitten haben, kehrte sehr schnell zurück in den Jahren nach 1945. Die Stalinisten schlugen zu. Manchmal grausam. Aus irgendwelchen fadenscheinigen Gründen verschwanden Menschen aus der nächsten Umgebung in Bautzen im „Gelben Elend" oder anderswo. In den Betrieben wurden die Menschen auf die Linie Moskaus eingeschworen. Widerspruch wurde nicht geduldet. Denunzianten tauchten allerorts auf. Die Massenflucht nach dem Westen begann.

Sie haben nichts verschwiegen bei der Aufzählung deutschen Leides. Doch zur Verantwortung gezogen wurden nur die deutschen Täter, in erster Linie die Nazis. Für die Zerbombung deutscher Städte und die Vertreibung der deutschstämmigen Bewohner aus Osteuropa wurde nie jemand zur Rechenschaft gezwungen. Eine nicht verheilte historische Wunde Europas?

Es ist eine alte Erfahrung der Menschheit, daß die Sieger nach Kriegen die Geschichte schreiben. Aber von Deutschland ist dieser mörderische Krieg ausgegangen und hat unsagbares

Deutschland, heidnisch Vaterland?

Leid, Elend und Zerstörung über ganz Europa gebracht. Inzwischen findet jedoch bereits seit Jahren auch bei den anderen Völkern Europas eine Aufarbeitung der Geschichte statt, denn die junge Generation stellt Fragen. Das ist gerade auf dem Weg nach einem vereinten Europa von besonderer Wichtigkeit.

Nationaler und internationaler Sozialismus haben dem 20. Jahrhundert den Stempel des Leids aufgedrückt: Vertreibungen, Deportationen, Massenmorde, Vernichtungslager, unvorstellbare Grausamkeiten: das Ende des christlichen Abendlandes?

Der Begriff des „christlichen Abendlandes" ist oft ideologisiert und politisch mißbraucht worden, vor allem bei bestimmten Gegenüberstellungen von westlicher Kultur mit dem Osten Europas. Wir können eigentlich nur beschreiben, in welcher Weise dieses christliche Abendland noch existiert, und daß Kirche und Christentum ihre Anfänge und ihre Wurzeln im Alten Testament und der griechisch-römischen Kultur haben, und diesen Wurzeln verpflichtet bleiben. Diese Herkunft von uns allen sollte auch die europäische Zukunft bestimmen und könnte ein Beitrag dafür sein, daß sich die Welt von heute nicht nur in einem wirtschaftlichen Zweckverband verbindet. Dazu kommt, daß die Kirche längst den Schritt von der abendländischen Kirche zur Weltkirche getan hat. Das erlebe ich nicht nur bei Aufenthalten in Rom, sondern auch in unserem Bistum, in den Pfarreien. Durch die Kontakte mit Gemeinden Afrikas und Asiens wird diese Öffnung deutlich und diese Kontakte verändern sicher auch manche vorhandene Einstellung gegenüber andersartigen Völkern.

Manche sagen: „Daß das passieren konnte zeigt, daß die Kirche versagt hat. Sie hatte genug Zeit, die Menschen zu prägen und genug Macht, das Unheil abzuwenden – oder wenigstens eine Märtyrerkirche zu werden."

Das ist eine sehr einseitige Formulierung und wird der Wirklichkeit nicht gerecht. Richtig ist, daß Christen aller Bekenntnisse immer wieder versagt haben. Die politische Macht der Kirche,

wie manche annehmen, gibt es schon lange nicht mehr. Aber eine Märtyrerkirche ist die Kirche geworden. Das 20. Jahrhundert hat mehr christliche Märtyrer hervorgebracht, als die Kirche in den Jahrhunderten vorher aufweist.
Außerdem muß bedacht werden, daß der Glaube und das diesem Glauben entsprechende Leben nicht automatisch von Generation zu Generation weitergegeben wird. Glaube wird fortgepflanzt durch personales Zeugnis von Mensch zu Mensch. So beginnt es eigentlich mit jedem Menschenleben von vorn. Der neue Mensch wird nicht als Glaubender geboren, sondern braucht ein ganzes Leben, um vom christlichen Geist durchdrungen zu werden. Kirchenbauten können von Jahrhundert zu Jahrhundert weiter geformt werden. Der Mensch in der Kirche aber beginnt jedes Mal neu. Deshalb hat die Kirche zur Prägung der Menschen immer nur so viel Zeit, wie das Leben des Einzelnen dauert.

Der Gegenpol im Meinungsspektrum ist: "Am 20. Jahrhundert kann man sehen, wohin eine Welt ohne Gott kommt."

Wenn Menschen sich selbst zum Maßstab aller Dinge machen und ohne jede Rücksicht auf den anderen ihre Vorstellung durchsetzen, sich an keine Ordnung und kein Recht halten, dann stimmt diese Formulierung. Das ist das Drama des 20. Jahrhunderts: es wollte das aufgeklärteste, fortschrittlichste sein, das Gott nicht mehr braucht, es wurde das mörderischste aller Jahrhunderte.

Von deutschem Boden gingen nicht nur der wahnwitzige Eroberungskrieg Hitlers und die Shoa aus. Auch die geistigen Ahnherren des Kommunismus waren Deutsche. Ein Teil unseres Nationalcharakters?

Ich weiß nicht, ob es einen "Nationalcharakter" wirklich gibt. Aber die Deutschen haben sicher einen Hang dazu, alles ganz perfekt zu machen und durchzuführen, jedenfalls wird uns Deutschen das nachgesagt. Dieser Perfektionismus wurde auch angewendet, wenn es um Rassismus, Vernichtungskrieg, Parteigehorsam und Staatsdoktrin ging. Ich bin allerdings fest davon überzeugt, daß Fanatiker in allen Völkern die Tendenz zu einem solchen radikalen Perfektionismus haben. Andererseits ist wohl wahr, daß die ideologische Untermauerung der Machtsysteme nirgendwo so ernsthaft betrieben wurde als auf deutschem Boden. Der Deutsche hat vielleicht ganz besonders den Zwang, seine schrecklichen Taten ideologisch zu rechtfertigen.

Herr Bischof, Sie sind kein „West-Import". Sie sind, wenn man das so sagen darf, ein echter „Ossi-Bischof". Sie wurden am 20. Februar 1988 in der Kathedrale zu Dresden zum Bischof geweiht. Wie schwer war es damals in der DDR, Oberhaupt gläubiger Katholiken zu sein?

Ich habe 45 Jahre sowjetische Besatzung bzw. DDR-Sozialismus erlebt. Am schwersten hatte ich es nicht als Amtsträger in der DDR, sondern als Schüler. Als ich Bischof wurde, kannte ich die sozialistischen Tricks schon längst. Ich wußte auch, wie wenig die Genossen der SED von der eigenen Parteilinie überzeugt waren. 1988 war das rote System schon längst morsch geworden. Wir konnten schon etwas „frech" werden. Frustrierend war allerdings, daß man bei den Betonköpfen wenig erreichen konnte. Besonders bedrängt wurden wir 1988/89 von den Problemen der Ausreisewilligen. Einerseits haben wir versucht, gerade die zur Freiheit Drängenden bei uns zurückzuhalten, denn diese Leute wurden ja hier im Osten gebraucht. Auf der anderen Seite konnte man natürlich gut verstehen, daß sie es alle satt hatten. An eine Veränderung der politischen Großwetterlage hat damals kaum jemand geglaubt. Da gab es schon harte Zerreißproben.

Als Bischof ist man natürlich noch schärfer ins Visier der Stasi geraten. Auf dem Flughafen Berlin-Schönefeld wurde eine Maschine nach Wien eine Dreiviertelstunde aufgehalten, weil man aus meinem Koffer eine Akte heimlich entnommen hatte und 40 Minuten brauchte, um sie Seite für Seite abzulichten; das habe ich später erst aus meiner Gauck-Akte erfahren. Was

haben diese Leute für eine unsinnige Arbeit getan, die schließlich und letztlich der Erhaltung des Systems keinen Deut genutzt hat!
Im Sommer 1989 wollte der Stellvertretende Staatssekretär für Kirchenfragen mich zwingen, sechs junge Mädchen aus der Gemeinschaft der Schwestern der Mutter Teresa in Chemnitz zu entfernen, weil es die Kommunisten furchtbar aufregte, daß diese sechs Christinnen ins Ordensleben dieser Schwesterngemeinschaft aufgenommen werden wollten. Ich habe Herrn Kalb gewarnt, etwas gegen die Schwestern von Mutter Teresa zu unternehmen. Schließlich ist Mutter Teresa eine in der ganzen Welt hoch angesehene Persönlichkeit gewesen. Darauf schrie mich Kalb an: „So schwach ist die DDR noch nicht." Kurze Zeit später gab es die DDR schon nicht mehr. Die letzten Zuckungen eines untergehenden Regimes wirken oft lächerlich.
Als ich im Leipziger Bezirk beim Chef der Abteilung Inneres kritisierte, daß die vorübergehende Inhaftierung von ausreisewilligen Jugendlichen am 1. Mai ohne jede rechtliche Begründung vorgenommen wurde, verteidigte dieser wütend die Maßnahmen der Partei. Gleichzeitig aber brachte er sehr deutlich zum Ausdruck, wie zerstritten die führenden Kräfte in der Beurteilung der Lage der DDR waren. Trotzdem konnte man sich eine Veränderung zum Guten auch mit der blühendsten Phantasie kaum ausmalen.

Der Blick auf die Welt, meist von Medien vermittelt, ist „westlich". Glauben Sie, daß die Vorstellungskraft von Menschen, die nur ein freies Leben im Wohlstand kennen, ausreicht, sich in die Atmosphäre einer Diktatur zu versetzen?

Sicher ist es schwer für einen Menschen, der von einer Diktatur verschont blieb, sich in Menschen hineinzuversetzen, die unter einer Diktatur leben müssen. Aber in den vergangenen Jahrzehnten konnten wir im Osten Deutschlands und auch die Völker unter kommunistischen Diktaturen im Osten Europas immer wieder erleben, wie Menschen sich bemühten, uns zu verstehen und ihre Stimme für die Völker unter Diktaturen zu erheben.

DEUTSCHLAND, HEIDNISCH VATERLAND?

Nach Kriegsende hieß es im Westen oft, nur der könne über die Vergangenheit mitreden, der dabeigewesen ist.

Diesen Satz habe ich auch oft bei uns im Osten gehört. Er ist auch eine Verteidigung gegenüber denen, die oft ohne viel Kenntnis der Vergangenheit ihre Thesen entwickelt haben: wie es hätte sein können, wie man sich hätte entscheiden müssen. Aber wenn ich mir die Mühe mache, die Vergangenheit aus ihren Zeugnissen kennenzulernen, dann kann ich auch mitreden. Sonst könnte niemand über Vergangenes etwas sagen oder schreiben. Die Vergangenheit bliebe stumm, und das wäre noch schlimmer für die Gegenwart und auch für die Zukunft.

Als dann die Studentenrevolte losbrach, wurde eine ganze Generation auf die Anklagebank gesetzt. Die Ablösung von den Eltern wurde zum Haß auf „die Faschisten" ... Haben Sie den Eindruck, daß dieser linkslibertäre Drall, der von „kirchlich" bis „konservativ" alles verdächtigte, das wiedervereinigte Deutschland prägt?

Die Studentenrevolte und die 68er Bewegung hat es im Osten Deutschlands nicht gegeben. Im Westen hat sie die Gesellschaft gewandelt und geprägt. So ist sicherlich auch nach der wiedergewonnenen Einheit Deutschlands von Einfluß und Bedeutung beim Zusammenwachsen der Menschen in beiden Teilen Deutschlands. Aber ist nicht auch das bereits zum Teil nurmehr Geschichte?
Trotzdem haben Sie mit Ihrer Vermutung Recht, daß einige mit linkslibertärem Drall ihrer Beurteilung der DDR-Vergangenheit an die etwas überholte Methode der 68er anknüpfen. Es war schon auffällig, wie emsig einige darauf bedacht waren, das in der Wende gewachsene Ansehen der Kirchen zu demontieren. Schnell wurde aus der evangelischen Kirche eine Stasikirche und aus der katholischen Kirche eine mittelalterliche Kirche gemacht. Die intelligentere Schicht im Osten hat über diesen Versuch eher gelächelt, manchmal auch zornig reagiert. Aber bei der großen Masse der Beeinflußbaren ist selbstverständlich

eine ganze Menge hängengeblieben. Was allerdings diese 68er-Traditionalisten übersehen haben ist, daß solche dümmlichen Spielereien in unserer schnellebigen Zeit keine bleibende Wirkung mehr haben. Auch die Studenten sind schlauer geworden.

Wie wurde die Zeit des Nationalsozialismus – diese Frage, die in Westdeutschland ein Dauerbrenner war, in der DDR behandelt?

Auch in der DDR wurde viel von der Nazidiktatur gesprochen, besonders vom kommunistischen Widerstand gegen Hitler. Es hat lange Zeit gedauert, bis auch der kirchliche und bürgerliche Widerstand gegen Hitler genannt wurden. Wir haben übrigens in Predigten oft das Unrecht der Nazis dargestellt, weil unsere Zuhörer sofort verstanden, daß wir das sozialistische Unrecht nur über diesen Umweg aussprechen konnten. Die offizielle Linie der DDR hat jedoch vor allem den „sowjetischen Helden" gehuldigt.

Haben Sie den Eindruck, daß sich dieser unterschiedliche Umgang mit Geschichte auf die Mentalität niedergeschlagen hat?

Sicher hat sich ein unterschiedlicher Umgang mit Geschichte im Denken der Menschen niedergeschlagen und bei vielen, die sich nicht anderweitig informierten, sehr einsichtige Auffassungen erzeugt. Wir haben versucht, diesen Einseitigkeiten entgegenzutreten und durch manche Veröffentlichung im Leipziger St. Benno Verlag, so weit dies möglich war, auch andere Aspekte der Geschichte darzustellen. Ich möchte nur auf Bücher über Pater Alfred Delp und Dompropst Bernhard Lichtenberg hinweisen.

Heute, ein halbes Jahrhundert später, stehen wir in einem neuen Jahrhundert: Sollten wir nicht zur Tagesordnung übergehen und die Vergangenheit ruhen lassen? Ein „normales Volk" werden ...?

Das wäre ein sehr gefährliches Unternehmen, zur „Tagesordnung" überzugehen, und würde sich, wie die Erfahrung zeigt, bitter rächen. Vergangenheit muß aufgearbeitet werden. Sonst ist es wie bei einem Krankheitserreger: Wenn er nicht beseitigt wird, vergiftet er den ganzen Organismus weiter. Ein „normales Volk" werden, das ist, wie wenn ein Christ wieder gesund und „normal" werden will: Dazu gehört Gewissenserforschung, Reue und Einsicht und das Bekenntnis, das Eingestehen des Versagens, dann geschieht etwas Neues, und ich kann neu beginnen.

Ihr Wahlspruch als Bischof lautet: „Wo zwei oder drei in meinem Namen versammelt sind, da bin ich mitten unter ihnen" (Mt 18,20).

Jesus Christus, Gott und Mensch mitten unter den Menschen, das hat mich fasziniert, seitdem ich die Erfahrungen einer Gruppe junger Frauen um die Tridentinerin Chiara Lubich kennen gelernt hatte: Gott anfaßbar. Gott als die Wirklichkeit zwischen uns. Erlebnisse, die einem beweisen, daß die Geschichte der Menschen nicht in erster Linie von den sogenannten Epoche-Machern dirigiert wird, sondern zum Glück wesentlich in den Händen eines Gottes liegt, der uns liebt. Wo ich durch Menschen diese Liebe Gottes erfahre, bin ich begeistert. Nur dort fasziniert mich Kirche. Kirche ist für mich nur am Rand Ämterstruktur. Man kann nicht darauf verzichten, aber es ist nicht das Wesentliche. Zwei oder Drei in Liebe unterwegs zum großen, gemeinsamen Ziel ist tausendmal mehr als alle bischöflichen Ordinariate der Welt. Es sei denn, in einem Ordinariat läßt man sich auch von dem leiten, der mitten unter uns sein will. Deswegen gibt es an diesem Punkt für mich nur ein Entweder-Oder. Freilich muß ich gleichzeitig sehr klein werden und eingestehen, es fällt mir nicht immer leicht, so in den Hintergrund zu treten, daß ich wie Johannes der Täufer sagen kann: „Mitten unter euch steht er, den ihr nicht kennt."

Welche Erfahrungen machten die Frauen um Chiara Lubich?

Chiara Lubich erlebte zusammen mit anderen Jugendlichen in Trient die furchtbaren Bombenangriffe, die alle ihre Jugendideale zerstörten: das Zuhause, die Universität, die schöne Stadt. Mitten in diesem Chaos entdeckten sie lebensentscheidende Wahrheiten des Evangeliums neu. Besonders ging ihnen auf, daß der Mensch im Chaos des Krieges alles verlieren kann, Gott aber bleibt. Und dieser Gott liebt jeden unendlich. Sie waren begeistert davon und gaben diese Liebe täglich an andere weiter. Offenbar wurden sie von einer solchen Kraft des Geistes Gottes dabei getragen, daß sie wie die Urchristen ein Herz und eine Seele wurden. Darüber hinaus erkannten sie, daß gerade der Schmerz, der ihnen in grausamen Ereignissen begegnete, gleichzeitig eine Begegnung mit dem am Kreuz verlassenen Jesus Christus ist. So erfuhren sie immer wieder, wenn sie zusammenkamen, eine tiefe, lebendige Atmosphäre, deren Mitte Christus war. Diesen Christus, der die Liebe selbst ist. Er mitten unter ihnen.

Die auf Chiara Lubich zurückgehende und noch heute von ihr geleitete Bewegung ist die Fokolar-Bewegung, entstanden 1943, international über 100 000 Mitglieder. Sie zählt zu den sogenannten Neuen Geistlichen Bewegungen, deren Anhänger auf 80 Millionen Katholiken geschätzt werden. Wann erfuhren Sie von diesem kirchlichen Neuaufbruch?

Ich erfuhr von dieser jungen Kirche, als sie noch nicht die heutigen Dimensionen von Millionen Anhängern hatte und doch mir und anderen Theologiestudenten in Erfurt bereits schien, daß darin ein enormer Neuaufbruch in der Kirche liegen könnte. Kurz vor dem Mauerbau hatte ich in Westberlin mit der Bewegung meine ersten Kontakte. Mich hat das nie mehr losgelassen. Es war für manche von uns rettend, daß eine der Gefährtinnen von Chiara Lubich, getarnt mittels der Anstellung bei einer Ärztin, nach Leipzig kam und dort mit anderen die Bewegung in den Ostblockländern aufbaute. Noch in der kommunistischen Zeit verzweigte sich die Bewegung in fast alle Länder des Ostblocks. Ohne Reklame und Werbung. Einfach durch Weitergabe des Lebens. Das ist ein Phänomen, das noch zu würdigen sein wird.

DEUTSCHLAND, HEIDNISCH VATERLAND?

Waren Sie mitten unter den Menschen der DDR, die für die Grenzöffnung kämpften? Zum Beispiel am 8. Oktober 1989 bei der berühmten Demonstration in der Prager Straße in Dresden ...

Zum ersten Mal war ich am 4. Oktober bei den jungen Leuten auf dem Dresdner Hauptbahnhof, die auf die Züge gen Westen aufspringen wollten, in denen die Botschaftsflüchtlinge von Prag durch Dresden transportiert wurden. Sie hatten sich mit leer getrunkenen Bierflaschen bewaffnet und wollten so gegen die Volkspolizei antreten. Ich habe versucht, ihnen dieses sinnlose Unternehmen auszureden. Eine junge Frau hatte sogar ein Baby dabei. Ich bat die Volkspolizisten, die Sache friedlich zu regeln. Gleichzeitig habe ich mich über meinen Generalvikar in dieser Angelegenheit an den Rat des Bezirkes Dresden gewandt. Keiner ließ mit sich reden. Es kam zur Eskalation. Die Demonstranten zerstörten Fenster des Hauptbahnhofes. Einige flüchteten in die Hofkirche und haben durch Besetzung dieser unserer Kathedrale ihre Ausreise erzwungen. Das waren schon aufregende Stunden.

Am 8. Oktober mußte ich nach Berlin zu einer Beratung der Bischöfe über die aktuelle politische Lage. Zuvor habe ich die am Mittag stattfindende Demonstration erlebt, die noch gewaltsam aufgelöst worden war und deren Demonstranten man ins Bautzener „Gelbe Elend" verbrachte. Als mich einige Katholiken erblickten und nach mir riefen, fühlten sich die Demonstranten wie angefeuert: Der Bischof – das wurde plötzlich wie eine Parole gerufen. An dieser Stelle wurde mir noch deutlicher, wie sehr auch alle jene Leute mit der Kirche rechneten, die nicht Kirchenmitglieder waren. Als am Abend des gleichen Tages durch Vermittlung der beiden Kapläne Richter und Leuschner und danach auch des Evangelischen Landesbischofs und des Superintendenten die Demonstration auf der Prager Straße friedlich ausging, kam die Vereinbarung zustande, daß Verhandlungsergebnisse zwischen dem Oberbürgermeister und der sogenannten „Gruppe der 20" auch in unserer Kathedrale am 9. Oktober bekannt gegeben werden sollten. Die SED wollte die Leute von der Straße weghaben.

Welche Rolle haben Sie, hat die Kirche, damals gespielt? Hat sie zur Entschärfung der innenpolitischen Situation beigetragen, in dem sie die Menschen von der Straße ins Gotteshaus geholt hat?

Ja, zweifellos konnten wir durch die Versammlungen in den Kirchen dazu beitragen, daß es nicht wieder zu Eskalationen kam, wie am 4. Oktober. Es lag sehr daran, den Einsatz der Polizei unnötig zu machen und vor allem Waffengewalt zu verhindern.
Bei den beiden Bürgerversammlungen in der Hofkirche am Abend des 9. Oktober konnte ich erleben, wie Tausende Dresdner mutig ihre Forderungen erhoben gegenüber einem Staat, der die eigenen Bürger entmündigt hatte. Als ich den Versammelten sagen konnte, daß nun eine Zeit gekommen sei, in der endlich ein offener Dialog und nicht mehr die Angst des Schweigens unser Land bestimmen müßte, gab es eine solche Einmütigkeit des Volkes, daß den Vertretern der Stasi, die sicher anwesend gewesen sind, sehr unwohl geworden sein dürfte.

Die Kirchen waren überfüllt, allein in der Kathedrale drängten sich 8000 Bürger. Was haben sie damals als Hausherr gesagt, gedacht, was hat sie bewegt?

Vor den 8000 war es sehr leicht zu sprechen. Alle waren von einer Begeisterung erfaßt, die wir zuvor nicht kannten. Der DDR-Bürger war das Schweigen gewohnt. Nun war es endlich aus damit. Endlich sprach das Volk. Für mich war es deshalb vor allem ein Anliegen, den Menschen in der Kirche klarzumachen, daß ihr Mut nicht ohne Konsequenzen bei den staatlichen Stellen bleiben darf. Jetzt genügen von der Seite der Regierenden nicht mehr vertröstende Phrasen. Nun muß sich wirklich etwas ändern.
Wir haben damals noch nicht an eine Abschaffung des Systems denken können. Das schien uns unmöglich. Doch die DDR als großes Volksgefängnis wollten wir nicht mehr hinnehmen.
Wichtig war es aber auch, die Demonstranten zur Besonnenheit zu rufen. Es hätte ja genügt, daß einige in ihrer Wut Fenster-

scheiben zu Bruch gehen lassen, und schon hätte man Einsatz mit Waffengewalt gegen die Demonstranten gewählt. Dann wäre aller wertvoller Anfang im Nu zerstört gewesen. Das Erstaunliche war: Die Demonstranten hörten auf uns. Einer in der Versammlung brachte es aufs Wort: Unsere Stärke ist der Geist, nicht die geballte Faust.

In einem mutigen Hirtenbrief haben Sie am Fest der hl. Hedwig 1989 den Christen in Ihrem Bistum Dresden-Meißen verkündet, daß Sie die entwürdigende Behandlung friedliebender Demonstranten nicht einfach hinnehmen wollen. Ja, Sie haben sogar darum gebeten, entsprechende Vergehen zu melden und versprochen, sich weiter für die Rechte der Menschen einzusetzen. Welchen Ärger haben Sie sich dafür beim Staat eingehandelt?

Ich habe damals von der Regierung eine Öffnung der Grenzen in allen Richtungen gefordert. Ich habe von den Behörden verlangt, daß sie auch die Menschen nicht gering schätzen, die mit der Partei nicht konform gehen. Ich habe in diesem Hirtenbrief plädiert für die Freiheit des Denkens und für demokratische Wahlen. Die Ideologie der Unfehlbarkeit der Partei soll fallengelassen werden. Pressefreiheit, Anerkennung der Elternrechte, Demonstrationsfreiheit, effektivere Wirtschaft – vieles andere Wichtige mußte im Volk in Erinnerung gebracht werden und der Partei unter die Nase gehalten werden. Es ist Pflicht des Bischofs, die moralischen Grundsätze der Gesellschaftsordnung zu verkünden und die Rechte der Menschen zu verteidigen. Deshalb mußte ich sagen: „Die Zeit ist reif: Wo immer wir sind, ist mit Zivilcourage sofort das Wort zu ergreifen." Für alle diese Aussagen hat es beim Staat vielleicht hinter den Kulissen Ärger gegeben. Ich selbst habe davon nie etwas erfahren. Dazu war der Staat bereits zu schwach. Es zeichnete sich ja von Tag zu Tag immer deutlicher ab, daß die Hardliner abgewirtschaftet hatten, und auch unter den Genossen eine andere Denkrichtung im Sinne Gorbatschows zu Worte kam. Hans Modrow, der damalige SED-Bezirkschef von Dresden, galt als einer der Gemäßigten. Vor der Wendezeit habe ich mit ihm nicht gesprochen. Wir

Bischöfe hatten untereinander vereinbart, keine Kontakte zur SED-Führung zu pflegen. In der Wendezeit galt es nun aber doch, alle Möglichkeiten zu nutzen, die man als Bischof hatte, für das Volk etwas zu tun. Als ich deshalb am 30. Oktober mit Modrow ein Gespräch führte, brachte er seinen Kummer über die fortlaufenden Montagsdemonstrationen zum Ausdruck. Da habe ich ihn gefragt, was denn die SED unternehmen wolle, wenn die Demonstranten sich vor der Volkspolizei in Russenkasernen flüchten würden. Er hat die Volkspolizei zum Glück auch nicht eingesetzt, als die Demonstranten die Stasi-Gebäude auf der Bautzner Straße stürmten. Kurioserweise riefen zwei Stasi-Beamte am Abend der Besetzung der Bautzner Straße bei mir telefonisch um Hilfe, denn „sie hätten doch auch Familie".

Sie haben sich in dem besagten Hirtenwort auf das Buch Kohelet bezogen: „Es gibt eine Zeit zum Schweigen und es gibt eine Zeit zum Reden" (Koh 3,7) und verlangt, was recht ist.

Ja, der Herbst 1989 war die Zeit, das Schweigen zu brechen. Wenn allerdings die SED an der Macht geblieben wäre und man sich nur mit einem neuen Kurs – wie schon 1953 – aus der Schlinge gerettet hätte, wäre es wohl allen, die damals ihre Stimme erhoben haben, im nachhinein sehr schlecht ergangen. Deshalb haben wir mit letzter Deutlichkeit erst dann gesprochen, als die Mauer plötzlich weg war.
Ohne zu ahnen, daß am 9. November die Mauer fallen würde, hatten wir die Gläubigen unserer Diözese nach Rosenthal, dem Wallfahrtsort des Bistums eingeladen, um Gott für die positiven Veränderungen zu danken. Das wurde eine Wallfahrt, die ich nie vergessen werde. Einige waren bereits vor der Wallfahrt kurz in Westberlin gewesen, um ihren Fuß einmal in das Land der Freiheit zu setzen. Die Teilnehmer der Wallfahrt waren in einer solchen Aufbruchstimmung, daß fast jeder Satz der Predigt mit einem stürmischen Applaus beantwortet wurde, was in unserer Diözese überhaupt nicht üblich ist. Ich habe damals über die Grundzüge der katholischen Soziallehre gepredigt und zu einer Erneuerung unseres Landes in diesem Geist aufgerufen.

Dort wurde mir klar, daß unsere kleine katholische Kirche in Sachsen und Ostthüringen bereit ist zu einem Einsatz für eine bessere Gesellschaft, wie ich das zuvor noch nie erkannt hatte. Diese Christen, die über 40 Jahre nichts für einen Neuaufbruch tun konnten, brannten jetzt gerade darauf, eingesetzt zu werden. Mit der Wiedervereinigung Deutschlands eröffnete sich für sie ein großes Feld politischer Aktivität, das sie dann auch wirklich wahrnahmen.

Haben Sie die Chance der Kirche gespürt, maßgeblich am Zusammenbruch des Sozialismus mitwirken zu können? Welche Hoffnungen hatten sie?

An den Zusammenbruch des Sozialismus habe ich, so muß ich ehrlich bekennen, damals noch nicht geglaubt; die Russen schienen mir zu mächtig. Der Westen hatte ja außerdem auch sehr erkennbare Schwächen. Meine Hoffnung bestand vor allem darin, daß die Kommunisten ihre brutale Blockade gegenüber der Kirche aufgeben, daß die Verfolgungen und Ängste verschwinden, und daß man auch einmal etwas von der schönen weiten Welt erleben durfte. Daß die Unrechtsregime in sich zusammengebrochen sind, und die Menschen ihre Freiheit zurückerhalten haben, war für uns ein unvorhersehbares Geschenk; ein Geschenk des Himmels.

Die Hybris verschätzt sich: von der Stärke des Schwachen

Im Nachhinein wurde die Rolle der Kirche, v. a. Papst Johannes Paul' II., beim Sturz des Kommunismus klar. Wie war das möglich, daß eine Kirche, die im Westen schon viele für überholt hielten, mit einem Papst, der vielerorts als rückständig belächelt wurde, maßgeblich am Zusammenbruch des Ostblocks, eines gigantischen, diktatorischen Systems, bis an die Zähne bewaffnet, beteiligt war?

Ja, die Hybris des Westens hat sich nicht selten verschätzt. Die lauten Töne sind es sowieso nicht, die die Welt verändern. Dieser manchmal sehr still wirkende Papst hat es eben in sich. Er ist außerdem so allseitig begabt, daß er die Lage in der Weltpolitik besser beurteilen konnte als andere. Entscheidende Kontakte mit führenden Politikern und noch wichtiger, wie mir scheint, die Ermutigung ganzer Völker im Kampf um die Freiheit, haben das Blatt wenden helfen. Für mich ist es keine Frage, daß dieser Papst besonders die Polen bestärkt hat, die Lawine ins Rollen zu bringen. Kein Volk hatte den Mut zu einem so dauerhaften Widerstand gegen das Unrecht, wie es die Polen hatten.

Die DDR-Regierung hatte eine panische Angst vor der Ansteckung mit dem „polnischen Virus". Noch 1989 brauchte ich zur Teilnahme an einer Wallfahrt der Breslauer Diözese eine eigene Genehmigung der Berliner Regierung. Bei der Rückkehr wurde diese Genehmigung vor meinen Augen an der Grenze in Görlitz zerrissen. Mit Verachtung sah der Grenzoffizier auf mich herab. Doch die Infektion war nicht aufzuhalten. Und siehe da, sie brachte Gesundung. Auch in Dresden kursierte im Herbst 1989 in Kreisen der SED-Genossen die Meinung: „An den Demonstrationen ist doch nur die Kirche schuld. Die soll das jetzt ausbaden." Dazu waren wir natürlich gern bereit.

Die Denkweise Stalins schien einfacher und scheiterte doch: „Wie viele Divisionen hat der Papst?", fragte er verächtlich, um die vermeintliche Machtlosigkeit des Bischofs von Rom bloßzustellen.

Die Frage nach den Divisionen des Papstes hat schon Napoleon gestellt. Sie macht deutlich, daß es eine sehr vordergründige Lösung ist, Ideologien mit Gewalt durchsetzen zu wollen. In der Kirche gilt das umgekehrte Prinzip: Wir setzen auf Christi Ohnmacht am Kreuz, denn „das Schwache an Gott ist stärker als die Menschen" (1 Kor 1,25).

Wie unterscheiden sich das protestantische und das katholische Modell hinsichtlich ihrer Resistenz gegenüber dem Kommunismus? Welches provozierte die Machthaber mehr?

DEUTSCHLAND, HEIDNISCH VATERLAND?

Die kommunistischen Diktaturen beschäftigten sich zunächst immer mit der Kirche, zu der sich die Mehrheit der Bevölkerung des jeweiligen Landes bekannte, das kann man deutlich an den verschiedenen Ländern des ehemaligen Ostblocks ablesen.
Aber die Katholiken hatten als Glieder der Weltkirche immer Rom und den Papst im Rücken. Demgegenüber hatten es die evangelischen Kirchen als Landeskirchen schwerer.
Die evangelischen Kirchen sind davon ausgegangen, daß in einem fortdauernden Sozialismus Kirche eine verantwortbare Verortung benötige. Dies zu definieren war selbstverständlich ein sehr komplizierter Vorgang.
In der katholischen Kirche dominierte die Meinung: Wir müssen überwintern, und kein Winter dauert ewig.
Wer von uns beiden es nun besser gemacht hat, wird sich schwer beurteilen lassen. Der evangelische Verortungsversuch und die katholische Verweigerung waren selbstverständlich beides Versuche, mit einer freiheitsberaubenden Diktatur fertig zu werden. Der Weg der Protestanten war geeigneter, Widerstandskräften Raum zu geben. Der Weg der Katholiken bestärkte die Kompromißlosen. Es gab natürlich in beiden Kirchen Einzelne oder Gruppen, die den Weg der anderen Kirche besser fanden. Gerade durch diese notwendigen Auseinandersetzungen wurde in den Kirchen der Dialog am Ende der DDR sehr intensiv und dadurch das demokratische Denken vorbereitet.

Welche Lehren lassen sich heute daraus ziehen, daß es damals Christen – nicht alleine, aber nicht unmaßgeblich – gelang, ein System zu stürzen?

Panzer und Soldaten, Polizei und Geheimdienste, Spitzel und Einpauker der Ideologie haben alle zusammen keine Bedeutung für die Kraft des Glaubens. Er ist nämlich unangreifbar. Es ist ja sogar möglich gewesen, daß in der Hölle der Bautzener politischen Haftanstalt Männer zum Glauben unserer Kirche gekommen und getauft worden sind. Glaube läßt sich eben nicht abschießen. Die Durchhaltekraft auch in ganz schweren Zeiten ist in der Geschichte der Kirche tausendfach bewiesen worden.

Die Hybris verschätzt sich

Es war für mich auch sehr beeindruckend, wie konkret von Jugendlichen das in Kirchen verkündete Wort der Bergpredigt „Keine Gewalt" realisiert wurde. Ich war dabei, als die Demonstration am Morgen des 8. Oktober an der Steinstraße durch zwei, drei Halbstarke in Tätlichkeiten auszuufern drohte. Da kamen Mädchen mit Kerzen in der Hand und riefen: „Keine Gewalt! Keine Gewalt!", und man gehorchte ihnen. Wie wesentlich für das Gelingen des Ganzen war doch diese Botschaft der Bergpredigt.

Ernüchternderweise waren nach der Maueröffnung die Gotteshäuser wieder leer. Warum haben Sie die Leute des unbewaffneten Aufbruchs nicht in der Kirche halten können?

Diese Frage muß man sich natürlich immer wieder stellen, aber von einer politischen Wende, von politischen Aktivitäten sind meines Erachtens niemals Bekehrungen zu Glaube und Kirche ausgegangen. Im Gegenteil: In Tagen scharfer politischer Auseinandersetzungen konzentriert der Mensch seine Kräfte auf diese Fragen. Erst wenn sich die Situation geordnet hat, kann Kirche die entscheidenden Fragen des Menschseins wirksam wieder zur Sprache bringen. Ich meine, das ist jetzt dran.
Es war ja doch nicht so, daß die Demonstranten oder Ausreisewilligen in den Kirchen automatisch zu Gottesdienstbesuchern geworden wären. Auch bei den Friedensgebeten waren neben dem Teil, der aus unseren aktiven evangelischen und katholischen Gemeinden kam, eine große Zahl von Leuten, die die Kirchen nur als Zufluchtsort ihrer Interessen wählten. Wo sollten sie sonst auch hin? Ich hätte es da eher für unchristlich gehalten, wenn man die Notsituation der Menschen auf billige Art ausgenutzt hätte, um sie für die Kirche einzufangen. Ein solches Leitmotiv widerspräche dem Geist Jesu. Deshalb heißt für mich die Frage nicht: Was könnten wir verpaßt haben? Sondern: Was ist jetzt dran? Und jetzt ist eine ganze Menge möglich. Daß die Zahl der Erwachsenentaufen deutlich ansteigt, ist doch bereits ein hoffnungsvolles Phänomen.
Das Volk hat bis heute nicht vergessen, daß die Kirchen offen gewesen sind für die, die ihre brennenden Anliegen damals mit

zitternder Stimme vorgetragen haben. Aber auch eine solche Sympathie führt nicht wie von selbst zum Glaubensbekenntnis. Man muß zur Kenntnis nehmen, daß in diesem Teil des Vaterlandes inzwischen drei Generationen zum größten Teil außerhalb der Kirchen großgeworden sind. Die Hetztiraden gegen die Kirchen, die es ja auch in der sogenannten freien Welt zur Genüge gibt, wurden in den vergangenen Jahrzehnten vom Regime abgesegnet. Wer schon als Kind in der Schule erlebt hat, wie man sich lächerlich machte mit einem Bekenntnis zum Glauben und in seinen Betriebskollektiven Hohn und Spott einstecken mußte für seinen sonntäglichen Kirchgang, der versteht am besten, wie schwer es all denen fällt, sich in die Kirche zu integrieren, all denen eben, die aus Ängstlichkeit immer die Anpassung an die Meinung der meisten bevorzugten.

Wie sehen Sie heute die Rolle der Kirche in den neuen Bundesländern?

Das Ansehen der Kirche ist besonders bei denen gewachsen, die nach Lebenssinn hungern. Leute, die denken können, sind auch in unseren Tagen nicht zufrieden mit den „Fleischtöpfen Ägyptens". Auch die brennenden gesellschaftlichen Fragen wecken Interesse für die Meinung der Kirche. Langsam merkt auch das Volk, daß Wissenschaft Grenzen, Wohlstand Schattenseiten, Leben ohne Sinn Ängste hat. Das Glücksgefühl einer Generation, die sich mühsam den deutschen Lebensstandard erarbeitet hat, ist bei der jungen Generation heute gar nicht anzutreffen. Für sie ist das meiste selbstverständlich. Sie brauchen neue Herausforderungen.

Die katholische Kirche hat sich der DDR verweigert. Wie staatstragend erleben Sie sie im wiedervereinigten Deutschland?

Es ist nicht Aufgabe der katholischen Kirche, staatstragend zu sein. Aber wir können jetzt viel mehr als früher öffentlich unsere Stimme erheben und für Anliegen eintreten, die nach unserer Überzeugung für das Allgemeinwohl eines Volkes lebenswichtig sind. Wir können unsere Stimme damit vielen leihen, die sonst nicht zu Gehör kommen.

Für unser Land gilt:
Aufbruch oder Zusammenbruch!

Brauchen wir einen neuen Aufbruch?

Klar brauchen wir den und wie! Wenn es nicht bald diesen Aufbruch gibt, dann befürchte ich einen geistigen Zusammenbruch. Alarmzeichen dafür existieren genug. Einerseits „null Bock auf nichts", andererseits Chaoten und Schläger. Der Mensch ist geschaffen, um sinnvolle Ziele mit Leidenschaft zu erringen. Müdigkeit und Resignation machen nicht nur krank, sondern sind bereits Symptome geistiger Verkommenheit. Wir können nicht zuschauen, wie die Extremisten aller Couleur Jugendliche mobilisieren, während die Mitte der Gesellschaft nicht viel auf den Weg bringt. Parteienstreit und Wahlkampf verbrauchen zu viele Kräfte. Wie aber wird in dem pluralen Mischmasch eine gemeinsame Zukunft aussehen?

Wahrscheinlich ist der Koloß einer Diktatur eher umzuwerfen als das alles absorbierende System des westlichen, demokratischen Kapitalismus. Oder besteht da sowieso kein Bedarf?

Es kommt hier darauf an, was unter Kapitalismus verstanden wird. Ein brutales System der massiven Selbstbedienung lehnen wir Christen selbstverständlich genauso ab wie das System der kollektiven Verantwortungslosigkeit. Aber es gibt die Chance, entsprechend der katholischen Soziallehre eine soziale Marktwirtschaft zu entwickeln, die den Prinzipien von Gerechtigkeit, Solidarität und Subsidiarität entspricht und so wirklich das Allgemeinwohl, das *bonum commune,* fördert und nicht den egoistischen Privatzielen einiger weniger dient. Wir müssen würdigen, daß die soziale Marktwirtschaft einen erstaunlichen

Wohlstand für fast alle ermöglicht hat, aber wir müssen auch kritisieren, daß sich hinter diesem Wohlstand ein praktischer Materialismus versteckt, der gefährlicher ist als der theoretische Materialismus, bei dem Anspruch und Wirklichkeit sowieso nie übereinstimmten. Es gibt offensichtlich die Gefahr, daß die Erfolgreichen der Konsumgesellschaft den Sinn für Geistiges und Geistliches verlieren, und darüber hinaus die Solidarität mit den Verlierern der Wettbewerbsgesellschaft zu kurz kommt. Mich ärgert besonders, daß sehr viele von denen, die Arbeit haben, viel zu viel Arbeit haben und darunter auch leiden, andererseits das bedrückende Problem der Arbeitslosigkeit viel zu zaghaft angegangen wird. Die gesellschaftlichen Spannungen, die sich daraus ergeben, können sehr leicht eines Tages explodieren.

Mitunter erscheint die Kirche, als wäre der Leib Christi ein „Amt für Kirchensteuer". Weht der Heilige Geist im Steuerbescheid?

Wenn wir nicht mit dem Geld so viel Gutes tun könnten, würde ich auf jeden Euro verzichten. Ich habe gerade persönlich erlebt, wie man Leuten in der Türkei, die durch ein Erdbeben plötzlich vor dem Nichts standen, unter die Arme gegriffen hat und ihnen Hoffnung gab, daß es weitergeht. Wer die Dankbarkeit dieser Erdbebenopfer erfährt, für den sieht die Diskussion um Geld in den Händen der Kirche ganz, ganz anders aus.
Es wäre aber das Dümmste was wir tun könnten, wenn wir uns zu stark auf die finanziellen Möglichkeiten konzentrierten. Das Geld ist für die Menschen da, besonders für die Armen – und nicht die Kirche für die Moneten! Der Deutsche Caritasverband, die Bischöflichen Werke Misereor, Adveniat, Renovabis, Missio, der Sozialdienst katholischer Frauen, die Vinzenzgemeinschaften und viele andere leisten mit den Kirchensteuergeldern und darüber hinaus mit jährlich enormen Kollekten, die ja wieder von den Kirchensteuerzahlern kommen, eine immense Hilfe. Wenn wir das alles streichen würden nach dem Motto: Kirche braucht kein Geld, dann würden wir Millionen von Menschen wiederum vor unlösbare Probleme stellen. Wir müssen

helfen, denn unser Wohlstand gibt das ohne Schwierigkeiten
her. Ich bin ganz glücklich darüber, daß das auch unsere Katholiken hier im Osten Deutschlands verstanden haben. Sie hätten
ja in die Versuchung kommen können, das Geld in die verlockenden Konsumgüter, die ihnen früher niemals zugänglich
waren, zu stecken. Das tun sie natürlich auch. Es ist ihnen zu
gönnen, wenn es mit Maß und sinnvoll geschieht. Aber die offene, helfende Hand gehört zum vollen Menschsein, darum ist es
beachtlich, daß unsere Diözese bei der Renovabis-Kollekte an
der Spitze Deutschlands steht. Übrigens habe ich bei der Kirchensteuerdebatte und den dadurch ausgelösten Kirchenaustritten beobachten müssen, daß besonders die wohlhabenden Geizhälse sich schwertaten, abzugeben. Sie sind in geistlicher
Hinsicht eher die Ärmsten unserer Gesellschaft.

*Sie haben das Gute hervorgehoben, das die Kirche und ihre
Hilfsorganisationen auf Grund von Kirchensteuern und Spenden
tun können und ja auch tun. Aber sind die Kirchensteuereinnahmen nicht auch eine Versuchung, Institutionen immer weiter auszubauen, obwohl die Glaubens-Substanz im Schwinden ist?
Haben wir nicht einen gigantischen Apparat an Planstellen, Ausschüssen und Einrichtungen, der ja auch sehr viel an Bürokratie
und Verselbständigung mit sich bringt? Und ist dieses Wuchern
nicht eher durch Sozialpädagogik, Politisierung, Gruppendynamik und Psychospielchen geprägt als durch ein katholisches
Apostolat?*

Da gibt es bei uns ganz sicher Probleme, die angegangen werden
müssen. Es ist zu bedauern, daß jede Stelle, die begründet eingerichtet worden ist, die Tendenz hat auszuwuchern. In Zeiten,
in denen das ohne Schwierigkeiten bezahlbar war, ist dann wohl
mancher Zopf entstanden, der jetzt eben abgeschnitten werden
muß. Zum Glück haben wir hier im östlichen Teil Deutschlands
wegen der knappen Mittel bei der Stellenplanung maßhalten
müssen. Wir konnten es auch nicht so ganz begreifen, daß uns
westdeutsche Hauptamtliche belehren wollten, daß man doch
jetzt nach der Wende manche Aufgaben nur noch hauptamtlich

erfüllen könne. Überhaupt hätten wir im Osten die Gutwilligkeit der Ehrenamtlichen in der Kirche zu sehr ausgenutzt! – Nein. Die Probleme wachsen genau auf dem umgekehrten Weg. Wo der Apparat wächst, erlahmt die Einsatzbereitschaft der Gemeinde.
Ich setze meine Hoffnung deswegen für die Zukunft auf Initiativen wie Familienkatechese, dynamische Jugendgemeinschaften, spirituelle Gruppen, Hospizwerke, Dialogabende mit Andersdenkenden – denn das alles braucht wenig Apparat, macht geringe Kosten und läßt auf hohe Effektivität hoffen. Wer da genau hinschaut, findet auffällige Parallelen in der Apostelgeschichte. In diesem Sinn sind zur Überraschung vieler die althergebrachten Wege die effektivsten. Oder wenn man so will: Manchmal sind die konservativsten Methoden die fortschrittlichsten. Wir müssen auch sehr darauf achtgeben, daß unsere Kommissionen, Ausschüsse, Räte und Sitzungen aller Art nicht die Kraft und die Zeit rauben für die Arbeit vor Ort. Kirche ist zuerst miteinander leben, wie echte Apostel die Wahrheit verkünden und erst dann – vielleicht zum allerkleinsten Teil – miteinander diskutieren.

Der zweite Aspekt, der in meiner Frage steckte, ist der der Lähmung: verbeamtetes Kirchenpersonal mit Führungskräften, die von der Sorge um die Gunst des Staates getrieben sind – sonst könnte ja der staatliche Einzug der Kirchensteuer oder irgendein Zuschuß für dieses oder jenes Projekt gefährdet sein ...

Nun muß ich allerdings sagen, daß ich bei meinem Führungspersonal bisher noch kein Buckeln vor staatlichen Stellen festgestellt habe. Sie sind eher recht kämpferisch mit den Beamten der Öffentlichkeit umgegangen, weil sie sich hier bei uns bisweilen noch immer mit Leuten auseinandersetzen müssen, die es gar nicht so gern haben, daß die Kirche sich etwa im sozialen oder schulischen Bereich so sehr bemüht. Da passieren manchmal Kuriositäten, die einen in alte Zeiten zurückzuversetzen scheinen. So hat es doch tatsächlich ein Schulleiter fertiggebracht, dem Pfarrer für die Nutzung von Schulräumen für den

Religionsunterricht eine Rechnung vorzulegen. Bei Klärung solcher Fälle treten unsere Leute aber nicht mehr als demütige Bittsteller auf.
Ich glaube, daß auch in den westlichen Bistümern nicht davon die Rede sein kann, daß das kirchliche Kaninchen vor der staatlichen Pythonschlange zittert. Wenn es in der Kirche Lähmung gibt bei unseren Mitarbeitern, dann nicht aus Angst vor dem Staat oder irgendwelchen öffentlichen Beamten, sondern weil das geistliche Feuer in ihnen nicht brennt. Viele unserer kirchlichen Unternehmen arbeiten fachlich erstklassig, aber das christliche Profil ist bisweilen überaus schwach.
Übrigens, sollte irgendeine Regierung auf die Idee kommen, an der Kirchensteuerschraube zu drehen, wird sie sich immer in die eigenen Finger schneiden. Die Kirche wird dadurch nicht untergehen. Doch die Gesellschaft würde bitter zu spüren bekommen, aus wieviel Einsatzfeldern sich Kirche dann zurückziehen müßte.

Brauchen wir neue geistliche Zentren, Tankstellen des Geistes?

Brennend nötig brauchen wir diese Zentren, ganz einfach deswegen, weil in der Kirche nie ein Einzelner diese Tankstelle ist. Gemeinschaft ist das Zauberwort, Gemeinschaft in Christus. Dort kommt das Feuer her. Manchmal kommt es mit einer Kraft, daß man sich ihr nicht entziehen kann. Dort gehen Leute hin, die nicht mehr ein noch aus wissen, und du kannst erleben, daß immer wieder einige von dort stahlend zurückkommen. Unsere Zeit braucht Leute, die geistlich „in Rage" gekommen sind. Wer in der Kirche nur sich selbst bedient, der bewegt überhaupt nichts. Wo Menschen sich füreinander verbrauchen, ja ineinander hinein verbrauchen, da blüht die Wüste.
Ich habe das in meinem Leben als Jugendlicher und später als Priester auch ganz persönlich erlebt. Das Jesuitenzentrum in Dresden-Hoheneichen war für mich der erste wesentliche Ort, an dem ich mehr erfahren habe als nur Alltagskirche. Die für uns sprichwörtliche Intelligenz dieser Ordenspatres, ihre Jugendlichkeit und ihre Aufgeschlossenheit für die Fragen der

Jugend ließen mich dort eine Begeisterung für den Glauben und die Kirche finden, die für mein künftiges Leben sehr ausschlaggebend war. Was in meiner Heimatgemeinde Neurode, in der Grafschaft Glatz, Grund gelegt worden war, ist in der zweiten Heimat Radeberg bei Dresden weitergestaltet worden. Das große leidenschaftliche Feuer für die Kirche aber kam aus Hoheneichen. Wir waren dort eine kleine Jungengruppe – die übrigens bei der Stasi, wie ich es selbst gelesen habe, als Schlägertruppe des Vatikan geführt wurde –, die aber wesentlich und vor allem eine geistliche Vertiefung erfuhr. Kurz vor meiner Priesterweihe lernte ich dann auf Anregung des berühmten Erfurter Neutestamentlers Professor Dr. Heinz Schürmann die Fokolarbewegung kennen. Dort faszinierte mich besonders, daß die geistlichen Impulse von Laien ausgingen und zwar von Frauen; sehr sympathische junge Frauen, bei denen man sich sehr schnell zu Hause fühlte, wie bei Schwestern. Die gleichzeitige Tiefe und Frische ihres Glaubens war einfach überzeugend. In keinem Wort, das bei Referaten und Gesprächen aus ihrem Munde kam, ging es um Nebensächliches. Immer wurde der Kern unseres Glaubens getroffen. Sie verkündeten keine Theorie, sondern hatten das alles in ihrem eigenen Leben erfahren: eine Nachkriegsgeneration, die aus den schlimmen Erfahrungen des Zweiten Weltkriegs zu einem Neuaufbruch gekommen war. Es war einfach zu greifen, daß Gott seine Hand im Spiel hat. Dorthin hat es mich, inzwischen vierzig Jahre lang, gezogen. Ohne die Kontakte mit dieser Quelle geistlichen Lebens wäre ich wohl eher ein Rebell als ein Bischof unserer Kirche geworden.
Inzwischen kenne ich noch eine ganze Reihe weiterer geistlicher Zentren wie die Gemeinschaft San Egidio, das Neokatechumenat, Schönstatt, Marriage Encounter, die Gemeinschaft Christlichen Lebens, die Charismatische Gemeindeerneuerung und andere. Immer bin ich bei diesen Tankstellen des Geistes Menschen begegnet, die über das gewöhnliche Maß des Christseins hinaus für Gott, die Menschen und die übrige Schöpfung engagiert waren.

Heißt das, die Gemeinden und Ordinariate können in einer säkularisierten, nachchristlichen Gesellschaft nicht länger als die bewährten Äcker des Glauben gesehen werden, sie müssen ergänzt werden durch die Gewächshäuser übergemeindlicher oder kategorialer Gemeinschaften, in denen Begeisterung anstelle von Bürokratie, Aufbruch anstelle von Routine, Persönlichkeiten anstelle von Kirchenbeamten geboten werden?

Wir können und wollen nicht auf Gemeinde verzichten. Unsere Diasporagemeinden haben das Verlangen nach Vertiefung des Glaubens, nach familiärer Struktur, nach tiefer Gemeinschaft in Christus, aber wie immer in der Geschichte der Kirche bedarf es neuer Impulse aus der Kraft des Heiligen Geistes. Diese kommen nicht selten aus den Geistlichen Gemeinschaften und Bewegungen. Das war in der Geschichte der Kirche immer so. Es geht also nicht um Wechsel von der Gemeinde zu den Geistlichen Gemeinschaften, sondern Inspiration der Gemeinden durch Geistliche Gemeinschaften. Das verlangt von den Mitgliedern der spirituellen Gruppen allerdings ein unwahrscheinliches Engagement. Sie brauchen ja doppelt Zeit, in ihrer Gemeinschaft und in der Gemeinde. Außerdem arbeiten sie ja noch in einem normalen Beruf. Es ist erstaunlich, welche Kräfte da entwickelt werden. Das wird von den Priestern und von den Gemeinden manchmal viel zu wenig erkannt und gewürdigt.

Kirche, raus aus dem Versteck!

Sagen Sie als Bischof: Gemeinden sind schön und gut, Klerus, Haupt- und Ehrenamtliche leisten dort eine wichtige Arbeit. Wir brauchen diese Infrastruktur, aber zukunftsträchtig und notwendend erscheinen mir neue Formen der Glaubensweitergabe und -intensivierung, deshalb fördere und koordiniere ich die Arbeit der Neuen Geistlichen Gemeinschaften und Bewegungen in meiner Diözese. Ist das Ihr pastoraler Grundgedanke?

Deutschland, heidnisch Vaterland?

Sie haben richtig bemerkt, daß die Weitergabe des Glaubens zu den Menschen, die nicht in der Kirche verankert sind, durch die Gemeinden zu selten erfolgt. Viele sind gehemmt, ihnen fehlt das Feuer, sie verstehen nicht, ihren Glauben in Worte zu fassen. Deshalb ist es wichtig, die Kräfte im Bistum zu bündeln, die darauf brennen, ihre geistlichen Erfahrungen anderen zu schenken und nicht für sich zu behalten. Deswegen treffen wir uns mit den Verantwortlichen aller neuen Bewegungen und Gemeinschaften im Bistum und laden zu einem Gemeinschaftstag am Pfingstfest in die Kathedrale ein, um sofort an diesem Tag auf dem Dresdner Schloßplatz die Passanten etwas von dieser Begeisterung spüren zu lassen.
Ja, Kirche muß mehr aus dem Versteck heraus. Ähnliches geschieht bereits in vielen Städten und Gemeinden. Auch in der evangelischen Kirche sind Gruppen mobil geworden. Unsere Bildungsangebote, Akademien und das Kathedralforum in Dresden erreichen ebenso immer mehr Menschen von außen. Bei allem Feuer bedarf es dennoch einer sehr, sehr großen Geduld, denn die Liebe erfordert Einfühlungsvermögen, Behutsamkeit und Rücksichtnahme gegenüber Menschen, die das Evangelium oft gar nicht kennen.

Haben Sie eine Idee für die Kirche in ganz Deutschland? Was müßte sich ändern, was müßte geschehen, daß man sagen wird: Sie bricht auf?

Zuerst müssen die Christen in Deutschland erkennen, daß es so nicht weitergehen kann. Aufwachen ist angesagt. Zeiten der Krise sind immer auch Zeiten für neue Chancen. Hätten wir die Kirchen voll, würden sich vermutlich sehr viele gemütlich zurücklehnen. Dafür ist aber jetzt die Lage zu ernst. Entweder es passiert etwas, oder wir werden so manche Gemeinde begraben.
Das erste, was wir tun müssen, ist: in die Knie gehen und die Hände falten. Der echte Aufbruch kommt nicht durch Gremien oder Pläne, sondern in der Kirche muß der Ruck vom Heiligen Geist kommen. Der Heilige Geist macht es aber nicht mit Knalleffekten. Alle großen Neuaufbrüche im Laufe der Kirchenge-

schichte begannen sanft und leise. Die Hyperaktiven bemerken deswegen oft das Kommen einer neuen Zeit kaum. Zur Besinnung müssen wir kommen. Gott bedient sich nämlich zuerst der Besonnenen. Wenn diese ihre Stimme erheben, geht eine Art Zittern durch den Raum. So etwas brauchen wir in Deutschland. Bei uns wird zuviel gequasselt. Fast täglich kommen die Redeprotokolle in Mengen auf meinen Schreibtisch. Keine zehn Prozent davon können geistig verarbeitet werden. In vielen Konferenzen wird kaum ein neuer oder hilfreicher Gedanke geäußert. Alles olle Kamellen. Wozu? – Wer aber nimmt sich Zeit für die täglich wesentliche Frage: Was will Gott von uns? Was ist jetzt zuerst dran? Wo sich einer dieser Frage stellt, kommen manchmal die Geistesblitze, die den Tag verändern, manchmal sogar das ganze Leben verändern. Da muß es langgehen in Deutschland.
Wenn ich in Gruppen oder Kreise komme, die die Frage nach Gottes Willen nicht vergessen haben, stoße ich auf eine froh machende, hoffnungsvolle Grundstimmung. *Diese* brauchen wir in Deutschland, sonst verkommt es noch ganz zum Jammerland.
Außerdem braucht Deutschland bei der frostigen Unverbindlichkeit, dem eiskalten Nebeneinanderher den Aufbruch zu einer freundschaftlichen Verbundenheit, die sich nicht auf irgendwelche Vereinsinteressen allein beruft, sondern auf der geglaubten Gegenwart Christi basiert. Alle anderen Grundlagen für Gemeinschaft werden mit der Zeit wacklig. Nur ein einziger, Christus, kann die Distanz zwischen den Menschen umwandeln in Verständigung, Wärme, freudiges Miteinander. Was wäre unser Land für ein glückliches Land, wenn wir so miteinander kommunizieren würden! Die oft so einsamen Menschen wüßten sich plötzlich verstanden, angenommen und mit neuer Hoffnung erfüllt. Die zahlreichen persönlichen Katastrophen, gerade unter Jugendlichen, wären so vermeidbar. Da liegen die Aufgaben und die Chancen der Kirche.

In der öffentlichen Wahrnehmung gibt es die Deutsche Bischofskonferenz, ein paar Kardinäle mit liberalem oder eher römischem Ruf, und es gibt Rebellenorganisationen von Laien, die von Theologieprofessoren unterstützt werden. Die Themen kreisen um Sex, Macht und Geld: Zölibat, sexueller Mißbrauch, Schwangerenkonfliktberatung, Frauenpriestertum, Kirchensteuer, Demokratisierung, Bischöfe contra Papst usw. Der Heilige Vater selber erscheint nahezu als mythische Figur, als Gegenkraft ... – ein Medientheater, gewiß, aber doch nicht ganz unabhängig von hiesigen Protagonisten, Requisiteuren und Regisseuren aus der Kirche selbst. Was muß in der Kirche anders werden, damit dieses Bild anders wird?

Die öffentliche Wahrnehmung der Kirche ist vor allem mediengesteuert. Medien sind gewöhnlich kurzsichtig. Kirche ist aber in ihrer entscheidenden Wirklichkeit nur mit Weitblick und mit Blick in die Tiefe richtig wahrnehmbar. Wem das fehlt, der kommt regelmäßig zu den kuriosesten Bildern von Kirche. Außerdem beschränkt er seine Wahrnehmung auf die sogenannten Top-Themen, die alles andere sind als zentrale Themen der Kirche. Ich glaube, daß die Kirche sich von den Nachrichtenmachern nicht erwarten sollte, daß da ein realistisches Bild von ihr transportiert wird. Die Kirche muß sich mit den Künstlern verbünden, diese erfassen das Wesentliche intuitiv und haben oft die Aussagekraft, mit ihrer Sprache den Kern zum Ausdruck zu bringen. Ein hochwertiger Film, eine beeindruckende Skulptur, eine schöpferische Musik, ein schriftstellerisches Werk von Format haben oft höchsten Verkündigungswert. Die Kirche hat deshalb zu keiner Zeit vergessen, die Kunst zu fördern. Ich habe als Pfarrer auch in DDR-Zeiten meine Gemeinde ins Kino geschickt, wenn ein Film meine Sonntagspredigt viel wirksamer kommentiert hat, als ich das allein vermocht hätte. Nicht die Streifen, die den Herrn Pfarrer zum Ersatzkriminalisten umfunktionieren, zeigen das wahre Gesicht der Kirche, sondern jene, die die Symbole sprechen lassen, in Handlungen oder Zeichen, die die Seele tief berühren. Tiefenaussagen brauchen wir. Nicht Kurzsichtiges. Momentaufnahmen sind sowieso immer ein Stück tot. Bei der Wahrheit genügt meist schon die Andeutung, und der Betrachter begreift das Ganze. Auf diesem Weg ist das Bild der Kirche korrigierbar oder noch besser: Durch vollendete Kunst bekommt das Bild der Kirche Leuchtkraft.

Leben ist immer tödlich

Wie sehen Sie den Geistlichen von heute: Als Moderator, Charismatiker oder PR-Profi?

Wir brauchen alle drei Erscheinungsformen des Geistlichen, aber müssen zur Kenntnis nehmen, daß nicht jeder alles hat. Das ist ein wenig das Problem für einen Bischof, daß von ihm jeder alles verlangt, aber da muß man gelassen bleiben. Solche Menschen gibt es auf der ganzen Welt nicht. Auf jeden Fall muß ein Geistlicher – wie jeder Christ – in erster Linie durch sein *Leben* Gott in die Gesellschaft tragen. Reden ist leicht. Leben ist immer „tödlich", weil überzeugendes christliches Leben alles abverlangt, auch etappenweise, aber Einfachheit, Ehrlichkeit, Hilfsbereitschaft sind unübersehbare Phänomene. Wenn das Leben das Evangelium wirklich widerspiegelt, hat Christsein überzeugende Kraft. Missionarisch wirken wir nicht zuerst mit redegewandten Statements, sondern in der konkreten Liebe des Alltags. Da liegt unsere Last, da liegt aber auch unsere Chance.

Was Sie über den Priester gesagt haben, gilt vermutlich zu jeder Zeit. Unsere Zeit erscheint säkularisiert, unsere Kultur entchristlicht. Sind da die neuen Bundesländer nicht einfach nur weiter als die alten? Sind sie die Avantgarde des Heidentums?

Ja, der Osten ist „entchristlichter". Trotzdem fragen die Menschen hier wieder auffallend häufiger nach Werten, Sinn des Lebens, Vereinbarkeit von Glaube und Wissenschaft o. ä.
Diesen Fragen müssen wir uns stellen. Wir müssen gesprächsbereit sein. Dazu gehört eventuell auch, daß wir Priester wieder erkennbar gekleidet sein müssen. Sobald ich als Priester erkennbar bin, werde ich oft geradezu bombardiert mit Fragen,

die anderen auf der Seele brennen. Unser inzwischen emeritierter Professor für Altes Testament von Erfurt, Hans Lubsczyk, hat jede seiner zahlreichen Eisenbahnfahrten zu interessanten Glaubensgesprächen mit Jung und Alt genutzt, weil seine offene Art und seine vertrauensvolle Persönlichkeit die Herzen der Dialogpartner sofort öffnete. So mancher Priester in unserem ehemals sozialistischen Raum hat inzwischen intensive freundschaftliche Bande zu nichtchristlichen Dialogpartnern geknüpft. Da entwickeln sich neue Felder der Pastoral. Fern von aller Vereinnahmungstendenz geht es um Kontakte über die Grenzen des Taufscheins hinaus. Das ist demnächst in den alten Ländern genauso dringend wie bei uns.

Gilt ein öffentliches Tischgebet in einem Dresdner Restaurant heute als Provokation?

Es provoziert schon, aber es wird nicht mehr so leicht abschätzig reagiert. Das Motto hier in unserer Gesellschaft heißt: „Kirchlich sein mag durchaus für manche in sein." Aber man wagt es noch nicht, selbst Konsequenzen zu ziehen. Die meisten lassen Christsein gelten, sehr viele sogar gern, aber nur wenige wagen den Schritt ins christliche Engagement. Aber es ist immerhin interessant, daß Gutes tun gern unterstützt wird; Caritas hat Chancen, katholische Schule ist sehr begehrt, in unsere Krankenhäuser geht man gern – das alles ist nicht nichts.

Die Jugendweihe ist nach wie vor populär ...

Junge Leute brauchen Feste und sie lieben natürlich auch Geschenke. Jugendweihe ist längst nicht mehr, was sie zu DDR-Zeiten war: ein erzwungenes Bekenntnis gegen Religion. War die ganze Sache schon in der DDR ziemlich diffus, so ist jetzt erst recht der Sinn des Ganzen kaum definierbar. Für mich ähnelt die ganze Angelegenheit sehr dem Faschingsrummel. Das hat doch auch überhaupt nichts mehr mit dem Fröhlichsein vor einer gestrengen Fastenzeit zu tun. Die Leute in Köln, Aachen und Mainz wollen Spaß. Die Jugendlichen in Leipzig, Erfurt

und Magdeburg wollen das eben auch, auf ihre Art. Religionsersatz will da inzwischen kaum noch jemand.
Ich begrüße, daß Christen sich mühen, diese Angelegenheit nicht Verbänden zu überlassen, die damit Schritt um Schritt wieder atheistische Ziele verknüpfen könnten.

Wie viele Jugendweihen finden denn statt? Wie umfangreich ist diese Tradition?

Ungefähr 60 Prozent der Schüler der achten Klasse nehmen an der Jugendweihe teil. In der DDR waren es ungefähr 98 Prozent der Achtklässler. Die Tradition der Jugendweihe reicht in Deutschland bis auf das Jahr 1859 zurück und war anfänglich eine Sache der sog. Freidenkerfamilien. Die DDR wollte damit dann die Konfirmation der Evangelischen Kirche verdrängen. Der Druck auf die Schüler und Eltern durch die sozialistische Schule war massiv. Auch viele katholische Eltern sind umgefallen. Nach der Wende haben dann viele, die außerhalb der Kirche standen, bedauert, daß das Leben um eine weitere Feier gekürzt werden sollte. So ist die Kuriosität entstanden, daß es eine Feier ohne faßbaren Grund oder irgendeine Intention gibt. Weil zu dieser Zeit schon früher gefeiert wurde, feiern sie eben auch heute.

Angeblich versuchen sogenannte „humanistische" oder „freidenkerische" Organisationen an die Jugendweihe heranzukommen. Diese Vereinigungen sind gezielt kirchenfeindlich. Sie beschäftigen sich am liebsten mit Greueltaten der Kirchengeschichte (inklusive Diffamierung der jeweiligen Päpste) und mit Prozessen gegen Kruzifixe in Schulen ...

Diese Organisationen sind nicht ungefährlich. Ihnen geht es um Vereinnahmung der Jugend für ihre Interessen. Ich begrüße deshalb, daß sich verschiedene gesellschaftliche Gruppen Gedanken machen, wie man diesen gezielt atheistischen Verbänden entgegenwirken kann. Der Bundestagsabgeordnete Nooke hat eine Initiative ergriffen, die interessant werden könnte. Versuche kirchlicherseits, den Wünschen junger Menschen in dieser

Frage entgegenzukommen, sind bisher für die große Masse bedeutungslos geblieben.

Es gibt kirchlicherseits im Osten Tendenzen zu sagen: Na schön, ihr seid nicht christlich sozialisiert, vielleicht noch nicht mal getauft, aber, damit auch wir was anbieten als Alternative zur Jugendweihe, machen wir eine Segensfeier für euch. Hat das einen Sinn, oder verkauft sich die Kirche unter Wert?

Es wird sich hier nicht eine elegante Lösung finden lassen. Wenn uns aber nichtgetaufte Schüler eines katholischen Gymnasiums bitten, auch für sie ein kleines Fest zu ermöglichen, dann sollten wir uns nicht verweigern. Wir täuschen ja nicht so etwas wie Sakramentalien vor. Ich würde deshalb liturgische Kleidung vermeiden. Aber eine grundsätzliche Verweigerung wäre doch auch das Signal der Geringschätzung junger Menschen, denen ohne eigene Schuld der Zugang zum Glauben vorläufig noch verschlossen zu sein scheint. Da halte ich es mit dem Augenzwinkern Papst Johannes' XXIII., der gesagt hat: „Gott liebt auch seine Atheisten."

Sollte man nicht lieber sagen: „Wir gestalten unser Angebot, das unverändert traditionell ist, möglichst ungeniert katholisch und möglichst schön. Das mag die einen provozieren, andere anziehen, aber auf Dauer wird sich das als das eigentlich Menschengemäße erweisen. Punkt."?

Die Überzeugungskraft unserer Feiern erlebe ich fast jeden Sonntag bei der Spendung der Firmung. Die Jugend nimmt dieses Sakrament sehr ernst. Inzwischen sind viele aus der Gemeinde bei der Vorbereitung engagiert. Die Liturgie und die Zeichen sind eindeutig intuitiv erfaßbar und werden als Bereicherung empfunden. Das bestätigen mir Firmlinge, Eltern, Paten und Gäste nach den Feiern immer wieder. Gerade auch bei der Firmspendung wird ja deutlich, welche Höchstwürde jedem bei der Firmung von Gott geschenkt wird. Aber es gibt eben Stufen auf dem Weg zu diesem Höhepunkt. Auch nicht alle Jugendlichen, die an der Firmvorbereitung beteiligt waren, schaffen das Ziel. Ich bin froh, daß immer wieder einige den Mut haben zu sagen: Ich bin noch nicht so weit. Ich will noch warten. Wenn aber einer ganz am Anfang steht und noch nicht einmal getauft ist und trotzdem ein Zeichen haben will, daß Gott auch ihn liebt, dann hat die Kirche noch immer einen Weg gefunden, das einem Menschen liebevoll zu zeigen. Erst an dieser Stelle können wir den Punkt setzen.

Gibt es eine andere Theologie in den neuen Bundesländern?

Es gibt keine spezifisch ostdeutsche Theologie, aber wir haben einige wachsame Theologen, die unsere Erfahrungen mit Atheismus und Indifferentismus reflektieren und auswerten. Die Hochschulen von Erfurt und auch von Dresden können sich mit ihrer Arbeit sehen lassen. Es gibt vor allen Dingen einige Fragestellungen, die in unserer wenig christlich geprägten Situation der Studentenschaft eine Sprache verlangen, die Zusammenhänge des Glaubens zu erschließen vermag. Da wird von einigen an den Universitäten und von anderen im außeruniversitären Bildungsbereich wie unserer Katholischen Akademie bzw. dem Kathedralforum, in unseren Bildungshäusern und bei Verbänden, in Schulen und Pfarreien eine außerordentlich kostbare Arbeit geleistet. Bildung wird großgeschrieben, aber das ist natürlich längst nicht alles, was wir zu bieten haben. Es geht ganz wesentlich auch um den Zugang zu den geistlichen Dimensionen, die bei unterschiedlichen Begabungen unterschiedlich erschlossen werden müssen. Der interreligiöse Dialog und der Dialog mit nicht in einer Religion verankerten Menschen hat in unserem Land eine besondere Brisanz, weil hier mehr als 80 Prozent der Bevölkerung den christlichen Glauben nicht mehr von Innen her kennen.

Die deutsche Kirchensprache – den Verlautbarungsjargon der Gremienbeschlüsse, den Theologenjargon – versteht kaum jemand. Viele Texte sind humanitär ausgewogen bis zur Gefühlsduselei. Warum redet die Kirche nicht Klartext?

Wir lieben den Klartext. Ganz klar. Leider aber kann Klartext sehr häufig die Wahrheit verkürzen oder gar verbiegen. Denn die Wahrheit liegt oft nicht auf der einen oder anderen Seite, sondern nicht selten schwer bestimmbar in der Mitte. Das erzwingt manchmal notgedrungen eine Textverlängerung. Freilich erschwert der abwägende Text die Griffigkeit des Ganzen.
Auf jeden Fall sollte man Theologenjargon vermeiden und zu einem Deutsch zurückfinden, das auf modische Floskeln verzichtet und vor allem die Begriffswelt der Bürokratie meidet.
Beim Gespräch mit den Menschen hier im Osten Deutschlands über den Glauben kann man die einfache Sprache wieder lernen, weil man hier sonst überhaupt nicht verstanden würde.

Was können die westdeutschen von den ostdeutschen Katholiken sonst noch lernen?

Etwas Besonderes unserer kirchlichen ostdeutschen Landschaft sind die familiären Strukturen. Hierzulande war katholische Kirche seit der Reformation niemals Volkskirche, sondern bewegte sich in Strukturen, die auf ganz persönlicher Kontaktnahme gewachsen waren. Die in der DDR-Zeit deshalb entwickelte Hauskreisarbeit bleibt weiterhin bedeutsam. Familien, die sich durch das oft in harten Kämpfen ganz persönlich errungene Glaubensbekenntnis verbunden wissen, stehen in guten und bösen Tagen so fest zueinander, wie das manchmal die eigene Verwandtschaft nicht vermag. Hier kommt eine Verknüpfung der Gemeindemitglieder zustande, die an urkirchliche Verhältnisse denken läßt. Aus dieser Verbundenheit erwächst die Fähigkeit zum Glaubenszeugnis (lat. *martyria*) nach außen, zur Diakonie und gibt der Liturgie eine Wärme, die man in den großen Kirchen mancher Mammutbistümer vermißt. Das wird von Besuchern aus dem Westen durchaus registriert. Der Bedarf nach persönlichem Kontakt reicht auch bis zu uns Bischöfen. Deshalb übernehmen wir jede Firmung selbst. Nach Möglichkeit wird keine Gelegenheit ausgelassen, um mit den Gemeinden die Feste zu feiern, wie immer sie fallen. Sooft wie möglich treffe ich mich mit den Priestern und vielen anderen Mitarbei-

tern. So wird in der Diözese ein Netz geknüpft, das das Bewußtsein der Zusammengehörigkeit intensivieren kann.
Was man außerdem aus unseren Erfahrungen hier im Osten lernen kann ist die erfreuliche Tatsache, daß sich die sogenannten Atheisten gar nicht als Atheisten entpuppen. Zwei Tage nach dem Anschlag auf New York und Washington waren 5000 Jugendliche fast zufällig in unserer Kathedrale, weil sie gehört hatten, daß die Abgeordneten des Sächsischen Landtages für Frieden beten wollten. 90 Prozent von ihnen waren mit Sicherheit noch nie in einem Gottesdienst. Ihre Anteilnahme und ihre Zustimmung zu den Aussagen über eine neuzugestaltende Gesellschaft waren für mich so anfeuernd, daß ich an einer bestimmten Stelle meiner Ansprache ein persönliches Zeugnis für meinen Glauben an Gott zu geben versuchte: Ändern kann man an dieser Welt nur etwas auf einer einzigen Basis, nämlich Gott. Hier applaudierten die 5000 Jugendlichen am allerlängsten. Von solchen Erlebnissen können viele Pfarrer im Osten berichten: Atheisten sind gar keine.
Schließlich kann man von unseren Erfahrungen im Osten lernen, daß Zeiten der Ablehnung der Kirche für die Kirche sehr kostbare Zeiten sind. Im Spannungsfeld der Auseinandersetzung wächst die Kraft zur Entscheidung. Vielleicht wäre ich nie so von der Kirche begeistert worden, wenn ich die günstigen Bedingungen im Westen erlebt hätte.
Eine wertvolle Erfahrung aus der Zeit im Sozialismus wird bekanntlich in den westlichen Diözesen bereits übernommen: die Religiöse Kinderwoche – als wichtige katechetische Aktion zur Beheimatung der Schulkinder in der Pfarrgemeinde. Da ist uns aus der Not eine Tugend zugewachsen, die gut und gerne vom Westen übernommen werden kann.

Warum paßt sich die Kirche nicht an?

Die römisch-katholische Kirche ist in vielen Bereichen unangepaßt, so daß sie eine lebendige Provokation für das Selbstverständnis einer modernen Gesellschaft darstellt.
Warum paßt sich die Kirche eigentlich nicht unserer modernen Welt an? Die evangelische tut es doch auch. Sie hat z. B. in Deutschland der Staatskasse zuliebe auf den freien Buß- und Bettag verzichtet ...

Die Evangelische Kirche sollte jedes Jahr am Buß- und Bettag Buße dafür tun, daß sie auf den Buß- und Bettag so leichtfertig verzichtet hat. Wir Sachsen haben das nicht getan. Da hat man sich wirklich in den anderen Ländern nur deswegen angepaßt, weil man den Protest der Bevölkerung befürchtete, die ja zum Ausgleich für diesen arbeitsfreien Tag zur Kasse gebeten wird. Ich glaube, die Sachsen haben schon vergessen, daß sie an diesem Tag zahlen müssen, aber sie sind jedes Jahr sehr froh, daß ihnen ein freier Tag geblieben ist.
Man kann das Evangelium von hinten nach vorn und zurück umblättern, es wird keine Stelle gefunden werden, in der sich Jesus billig angepaßt hat. Freilich sind wir eine Provokation, manche ärgern sich grün und blau. Fällt das Provokative flach, dann können wir Kirche begraben. Ich meine, daß die Gesellschaft – bisweilen auch unbewußt – darauf wartet, daß die Kirche, wenn es sein muß, ihr auf die Zehen tritt.
Die entscheidende Provokation, die der Kirche aufgetragen ist, bleibt das Bekenntnis des Petrus zu Jesus: „Du bist der Messias, der Sohn des lebendigen Gottes" (Mt 16,16). Das ist eine ungeheuerliche Provokation. Daran entscheidet sich für uns alles.

Was folgt daraus, daß Jesus der Messias, daß er wirklich Gottes Sohn, ja selbst Gott ist?

Warum passt sich die Kirche nicht an?

Die schärfste Konsequenz des Glaubens an Jesus den Sohn Gottes heißt: umkehren, sich abkehren vom alten Trott, nach eigenem Geschmack leben und mit ihm zusammenleben.
Der nächste Schritt ist: versuchen zu sein, wie er. Das klingt vermessen. Er hat uns aber selber gesagt: „Seid vollkommen, wie euer himmlischer Vater vollkommen ist." Freilich können wir das nur in geringstem Maß und nur weil ER es uns gibt. Ich sehe hier besonders zwei Weisen, mein Leben zu gestalten: sich beschenken zu lassen und zu schenken. Auch das Sich-beschenken-lassen ist eine göttliche Angelegenheit. Der Sohn Gottes wird ständig vom Vater beschenkt, seit Ewigkeit, und er läßt sich voller Freude beschenken. Deshalb ist unser Christsein erst dann echt, wenn wir uns dauernd von Gott beschenken lassen. Deswegen treibt es uns sonntags in die Messe, weil wir für dieses dauernde Beschenktsein danken müssen. Dort danken wir zusammen mit Jesus, dem glücklichen Beschenkten. Die andere Seite der Geschichte ist: Wer sich so beschenkt sieht, kann das Glück gar nicht für sich allein behalten. Jesus ging in diesem Glück soweit, daß er sein Leben dem Vater in die Hände zurückgegeben hat, Liebe bis in den Tod. Die Folge des Glaubens an Jesus, der Gott ist, war für Petrus: „Dann spring ich ins Wasser" – ihm entgegen. Nichts hält mich mehr zurück.

Warum sagen dann viele immer nur, er sei ein Weiser, ein Frauenfreund oder ein Revolutionär gewesen?

Es ist viel leichter in Jesus einen Weisen, einen Menschheitslehrer, einen Revolutionär zu sehen. Deren gab es in der Geschichte viele. Die kann ich bewundern, aber auch ablehnen. Das bleibt letztlich neutral. Da ist kein zwingender Grund, mich für oder gegen Jesus zu entscheiden. Ist Jesus aber Gottes Sohn, ja selbst Gott, dann geht es für mich um Sein oder Nichtsein, um Leben oder Tod. Da muß ich mich entscheiden, wenn ich mich dieser Frage wirklich stelle.

Kann man sagen: Diese Leute vertragen die entscheidende Provokation der Gestalt Jesu nicht? Sie sind fasziniert von ihm; er-

schrecken aber, wenn es ernst wird; können doch nicht von ihm lassen, also machen sie ihn zu einem Popanz, einer Kunstfigur, die sie nicht mehr belästigen kann?

Viele Menschen unserer Tage haben Angst vor der Bindung. Man wählt die Unverbindlichkeit. Sein „... folge mir nach ...", ist das Problem. Sie vertragen diese Botschaft Jesu nicht. Das ist für sie ungeheuerlich. Die Menschen spüren, hier kann ich eigentlich nicht ausweichen. Worauf lasse ich mich da ein? Da steht nicht nur ein großer Humanist, ein sozialer Revolutionär vor mir. Dieser Jesus fordert mich ganz, ohne Wenn und Aber.

Noch einmal zurück zur Modernität der Kirche: In Österreich forderte der höchste Vertreter der evangelischen Kirche am Reformationstag die Abschaffung des Schutzalters von 14 Jahren für homosexuelle Betätigungen, mittlerweile Gesetz. Ist das heute nicht selbstverständlich, alte Relikte abzuschaffen, auf der Höhe der Zeit zu sein?

Der Schutz der Würde eines jungen Menschen ist kein altes Relikt, er muß eher neu eingeschärft werden. Die grausamen Verbrechen gegen die sexuelle Unantastbarkeit eines Menschen müssen für die Gesellschaft sehr deutliche Alarmsignale sein. Wir werden als Kirche nicht nur über dieses Thema sprechen, aber auch Stellung dazu nehmen.

Aber die Leute treten doch reihenweise aus der Kirche aus. Kann man das nicht verhindern oder sie gar zurückholen, indem man sich modern gibt?

Ich wundere mich eher, daß nicht viel mehr aus der Kirche austreten, denn wir wissen doch, daß Hunderttausende innerlich überhaupt nichts mehr mit der Kirche zu tun haben. Warum bleiben sie eigentlich Kirchensteuerzahler? Vorsichtsmaßnahme? Auf jeden Fall kann man keinen Menschen mit irgendwelchen Modernisierungstricks gewinnen. Alle, die diesen Unsinn versucht haben, haben längst einsehen müssen, daß ein wenig

Schlagzeugkrawall und ein Hüpfen um den Altar die Kirche nur lächerlich macht. Es ist etwas anderes, wenn Jugendliche in gekonnter Weise in ihrer Sprache und in ihrer Ausdrucksform Liturgie gestalten, das kann sehr eindrucksvoll sein, hat aber mit Modernisierung der Kirche nichts zu tun. Kirchentypisch ist der lange Atem. Das Modische hat immer einen sehr kurzen.

Viele Theologen, Priester, engagierte Laien träumen von einer Kirche, die ihrem Bild von Jesus entspricht: Alle verstehen, alle integrieren, sanftmütig und sensibel, tolerant und offen, flexibel und fortschrittlich zu sein. Hat die katholische Kirche Jesus verraten?

Bei manchen Leuten in der Kirche muß man leider feststellen, daß sie das Evangelium nicht gut kennen. Jesus hat oft Klartext gesprochen, so daß viele ihm immer wieder den Rücken zugekehrt haben. Am eindrucksvollsten kommt das zum Ausdruck in der berühmten Brotrede des Johannes. „Da gingen die Leute scharenweise weg", steht da. Und an seinen engen Kreis wandte Jesus sich darauf nicht mit flexiblen und fortschrittlichen Redensarten, sondern mit der ganz kompromißlosen Frage: „Wollt auch ihr weggehen?" (vgl. Joh 6,67). Die katholische Kirche würde Jesus verraten, wenn sie diese Seite seines Auftretens verschweigen würde. Als es um die Aussage des Leidensweges ging, hätte Jesus Verständnis für seine Freunde zeigen können, als sie dieses Leid von Jesus fernhalten wollten. Statt dessen: „Weg mit dir, Satan, geh mir aus den Augen! Denn du hast nicht im Sinn, was Gott will, sondern was die Menschen wollen" (Mt 16,23).
Auch die Frage an Petrus: „Liebst du mich?" (Joh 21,16) hat eine kompromißlose Schärfe. Kirche muß immer beides geben: klare Zielvorgabe und Güte gegenüber dem, der es noch nicht geschafft hat.

Im Augenblick scheint die Zeit noch nicht gekommen, in der sich die Menschen in Deutschland scharenweise wieder der katholischen Kirche zuwenden ...

Der Mensch verträgt es nicht lange, ohne Sinnerfüllung zu leben. Das widerspricht seinem Wesen. Die Verzweiflung, die in den steigenden Selbstmordraten junger Menschen zum Ausdruck kommt oder auch in den grausamen Racheakten, wie in Erfurt, Meißen oder anderswo in der Welt, sind für mich deutliche Signale dafür, daß die Frage nach Gott nur vorübergehend verdrängt werden kann. Wer nicht mehr weiß, was er eigentlich soll, bringt sich um oder schlägt wütend um sich. Da sind dann die konkreten Anlässe für das böse Handeln nur noch das letzte Fünkchen in das durch Frust längst angesammelte Dynamit. Gott wird in seiner Liebe gerade eine verzweifelte Generation nicht fallenlassen. Seine Stunde wird kommen, wie die Stunde des Falls der Mauer gekommen ist, so wird auch die Wand zwischen Gott und den Menschen wieder kippen, und dann wird man unsere Kirche wieder sehr dringend brauchen. Hat dieser Prozeß nicht schon begonnen?

Aus dem Geheimnis Kraft schöpfen oder Christus vors Schienbein treten?

Wie sieht die Kirche den Menschen?

1961, kurz nach meiner Priesterweihe, wurde die Berliner Mauer errichtet. Prinzipiell galt nun: Es kommt niemand mehr raus und es kommt niemand mehr rein. Die DDR hatte sich mitten in Europa vom Westen abgeschlossen. Aber erstaunlicherweise fanden wachsame Christen immer noch Wege, die Mauer zu durchbrechen. Wir brauchten dringend in unseren katholischen Krankenhäusern Ärzte, weil viele von den Medizinern noch kurz vor dem Mauerbau geflüchtet waren. Kardinal Döpfner, damals in Berlin, und Bischof Spülbeck von Meißen baten Chiara Lubich um Hilfe. So kamen Ärzte von fachlichem Format und mit tiefer geistlicher Prägung zu uns. In Leipzig bin ich damals zwei Anästhesisten begegnet, die ganz anders waren, als ich es sonst gewöhnlich bei Medizinern kennen gelernt hatte.

Aus dem Geheimnis Kraft schöpfen

Sie hatten sich offensichtlich auch für die Ehelosigkeit entschieden, um ganz der Kirche dienen zu können. Sie hatten nun freiwillig den wohlhabenden Westen mit dem kargen Osten ausgetauscht.
Nach einem strengen Dienst im Krankenhaus war offensichtlich ihre Wohnung Tag für Tag von DDR-Christen belagert, die ein wenig hinter das Geheimnis ihres Lebens kommen wollten. Bevor die Ärzte aber etwas aus ihrem Leben erzählten, bereiteten sie ihren Gästen ein Mahl, das sie sich aber erst mühsam zusammenkaufen hatten müssen in den verschiedenen HO- und Konsumläden, die nur wenig anzubieten hatten. Das hat mir damals zu denken gegeben. Physisch, psychisch und für den Intellekt anstrengendste Arbeit – den ganzen Tag über in der Wachstation des Krankenhauses, die auch nur auf wenigen Quadratmetern eingerichtet worden war –, anschließend im Geschäft anstehen, um etwas für die Gäste zu erwischen, dann zu Hause selbst eine geschmackvolle Mahlzeit bereiten und danach immer noch in überzeugender Frische und mit einer überragenden Liebe für die Gespräche mit den Gästen wach sein.
Das alles hat mich fragen lassen: Was steht hinter diesen Männern? Langsam wurde deutlicher, aus welchem Geheimnis sie ihre Kraft schöpften. Es war das Menschenbild des Zweiten Vatikanums, das sie verinnerlicht hatten. Sie glaubten mehr als wir Theologen daran, daß jeder einzelne Mensch, der ihnen begegnet, in der Christuswirklichkeit steht, die die höchste Würde des einzelnen ausmacht. Wir Priester haben vor Christus im Tabernakel gern eine Kniebeuge gemacht, aber Christus im Mitmenschen gern vor das Schienbein getreten. Diese Ärzte machten beide Male die Kniebeuge. Sie wußten, was sie den Menschen schuldig sind. Das tat so gut, daß diese Wohnung in einem scheußlichen Leipziger Altbauviertel bald zur Heimat für Hunderte wurde.
Die gleiche Erfahrung konnte man sammeln bei den Frauen, die im Rahmen des Ärzte-Hilfsprogramms nach Leipzig gekommen waren und dort ebenfalls für viele zur Heimat geworden sind. Auch dort die gleiche, strahlende, für uns sehr bedeutsame Neuigkeit: Man kann die schönen Worte des Konzils im Alltag

leben. Geistbegabte Menschen, die in täglicher, selbstloser Hingabe für den Bruder und die Schwester Tag für Tag ihr Leben eingesetzt haben, hinterließen in schweren Tagen nie mehr verwischbare Spuren.

Jeder Mensch ist ein Tempel des Heiligen Geistes, mindestens ansatzweise. Deshalb entspricht es dem christlichen Menschenbild, nicht zu urteilen, wo im anderen Spuren des Teufels zu finden sind, sondern die Spuren des Heiligen Geistes bei jedem anderen Menschen zu entdecken. Papst Johannes Paul II. hat es auf den Punkt gebracht: Unser Weg zu Gott ist der Mensch. Jedes Mal, wenn ich zur Firmung ausziehe und den jungen Christen das Zeichen ihrer Hoheit auf die Stirn salbe, erinnere ich mich an diese in den sechziger Jahren erlebte Bekehrung: Christus in jedem Menschen zu sehen. Wenn mir dann die jungen Leute ihren Namen sagen, bin ich immer wieder versucht, sie zu firmen unter Hinzufügung des Namens Christus, also Ralf-Christus, Elisabeth-Christus, Maria-Christus …

Dienst am Menschen als modernes kirchliches Menschenbild! – Wir kommen auf die Welt und unsere Eltern nennen uns Goldschatz oder Prinzessin; sie erziehen uns nicht, aber sie bringen uns bei, unsere Meinung zu sagen und unsere Interessen durchzusetzen: „Laß dir bloß nichts gefallen!" pflegen sie zu sagen. Zum Glück sind Lehrer in den seltensten Fällen Autoritäten, zum Glück ist das Abitur leicht genug, daß nicht mehr so viele eine Lehre machen und jemanden „Meister" nennen und ihm gehorchen müssen – … Dann kann man den Wehrdienst verweigern. Vielleicht wird er ja bald abgeschafft, dann fällt auch der Zivildienst weg, mit dem scheußliche Demütigungen der freien und stolzen Söhne unseres Landes verbunden sind. Den Töchtern steht es ohnedies frei, sich auf die hemmende Zeit einer Schwangerschaft, das schmerzliche Spektakel einer Geburt und das entwürdigende Dasein als Mutter einzulassen. Die moderne Medizin hat ja genug Pillen, Apparate und Methoden, alles zu erleichtern, zu erreichen oder zu verhindern. Und der Staat sieht langsam ein, daß es unter der Würde der modernen Frau ist, sich in der Hauptsache solchen primitiven und nutzlosen Dingen wie Kindererzie-

hung und Haushaltsführung zu widmen ... Uns allen stehen Zeiten bevor, in denen wir selbst an die Stelle der alten Götter treten! Und die Kirche spricht von Demut, Dienst und Entsagung! Das ist doch eine Provokation jedes modernen Menschen.

Ja, diese Provokation wollen wir, ganz bewußt, denn die Emanzipation, oder sagen wir besser: die Menschwerdung des Menschen gelingt gerade nicht nach dem von Ihnen geschilderten Prinzip antiautoritärer Erziehung, der Einübung der Aggression, der Vermeidung des Schmerzlichen, der Entwertung der Familie. Umgekehrt wird etwas aus dem Menschen. Trifft ein Jugendlicher auf eine Persönlichkeit mit Würde, läßt er sich sehr wohl etwas von ihm sagen. Reibt sich jemand im selbstlosen Dienst für andere auf, wird er sehr wohl von den meisten geachtet. Mutter Teresa von Kalkutta ist deshalb weltweit anerkannt worden. Und eine Familienmutter, die in selbstlosem, entsagungsvollem Dienst täglich ihre Aufgaben erfüllt, wird mit Sicherheit von den meisten in höchster Weise geschätzt.
Es ist ganz klar eine der gravierendsten und folgenreichsten politischen Dummheiten, den Wert der Familie herabzusetzen, weil man mit der Zustimmung der Mehrheit der bindungslosen Gesellschaft rechnet. Zustimmung einer zuwenig nachdenkenden Menge ist niemals eine Garantie für eine gute Politik.
Mir drängt sich außerdem der Verdacht auf, daß man den mangelnden Arbeitskräftenachwuchs in den kommenden Jahren durch Frauenarbeit ausgleichen will. Also Frauen in den Betrieb, Kinder in die Ganztagsschule. Das hatten wir schon mal in der DDR. Mit den Problemen der Generation, die zuwenig elterliche Beheimatung erlebt hat, schlagen wir uns noch heute herum. Freilich ist die Erziehung kräftezehrend, freilich ist Dienen kein Kinderspiel und selbstverständlich ist kindergebären und das Zuhause gestalten mit harten Herausforderungen verknüpft. Aber ist das alles nicht gleichzeitig auch Erfüllung? Wollen wir die jungen Menschen um diese Erfüllung bringen?

Was Sie sagen, hört sich fast an wie jener Satz des früheren Bundespräsidenten Herzog: „Wir sind schon ein merkwürdiges

WARUM PASST SICH DIE KIRCHE NICHT AN?

Volk, wenn wir mit Freude Maschinen bedienen, aber jedes Lächeln verlieren, wenn es sich um Menschen handelt."

Dieses Zitat Herzogs ist für mich deshalb so interessant, weil ich bei den Bewerbern um geistliche Berufe genau das umgekehrte Motiv wortwörtlich immer wieder höre: Bloß immer an der Maschine zu sein, ist mir zuwenig. Ich möchte etwas unmittelbar für die Menschen tun. Diese Motivation finde ich übrigens auch sehr häufig bei den Zivildienstleistenden. Es geht längst nicht immer darum, daß man den Wehrdienst meiden möchte. Nicht selten ist die positive Motivation: Ich helfe sehr gern alten Leuten; der Dienst im Krankenhaus macht mir Spaß; hier werde ich wenigstens gebraucht.

Also Goethes „Man erziehe die Knaben zu Dienern und die Mädchen zu Müttern, so wird es überall wohl stehen"?

Goethe war ja schließlich nicht der unbegabteste Deutsche. Mir gefällt bloß nicht das Biedere an dem Ton dieses Goethe-Zitates. Ich wünsche mir nicht eine brave Gesellschaft im kleinbürgerlichen Stil. Ich will eintreten gegen die Blasiertheit der heute modischen Art des Stolzes: der Auffälligste zu sein, die Attraktivste, der Lauteste, die Bekannteste, der Wohlhabendste. Ich möchte Goethes Wort neu formulieren: Zeige der jungen Generation, daß glücklich ist, wer andere glücklich macht. Erinnere sie daran, daß Kindern das Leben zu schenken, bedeutet, Leben zu gewinnen. Vergiß nicht, ihnen zu sagen, daß die schweren Stunden unvermeidlich sind, daß sie aber gerade dann der trägt, der der Vater aller Menschen ist. Dann kann man wieder mit Goethe sagen: „So wird es überall wohl stehen."

Sie reden von Familie? Wir steuern doch auf die Single-Gesellschaft zu!

Der Mensch ist ein Familienmensch, denn was wäre der Mensch ohne Vater und Mutter. Auch in unseren Tagen legt der größte Teil der Bevölkerung besonderen Wert auf Familie. 75 bis

80 Prozent unserer Kinder wachsen auch heute in einer Normalfamilie auf.
Aber wir wissen, wie gefährdet Familie leider auch ist. In Dresden gab es 1999 rund 1600 Eheschließungen und gleichzeitig rund 1000 Scheidungen. Wenn mir ein Lehrer aus einer westfälischen Schule berichtet, daß er zwei Klassen betreut, in denen kein einziges Kind mehr mit beiden eigenen Eltern zusammenlebt, dann ist das für mich alarmierend. Wenn in Großbritannien die Zahl der Single-Haushalte inzwischen die der Familienhaushalte übertrifft, dann ist das schon dramatisch.
Aber die geistig gesunde Familie ist noch zu finden. In ihr sind Kinder willkommen. Sie werden angenommen mit ihren Grenzen und Schwächen, mit ihrer Gesundheit und Begabung und sogar mit ihren Behinderungen. Familie ist für das heranwachsende Menschenkind die Garantie, glücklich zu sein.
Keine Erziehung hat eine solche Nachhaltigkeit, wie die der Familie. Wenn Kinder etwa zu Hause erkennen, daß man als junger Mensch immer wieder an Grenzen stößt und diese bejahen muß, wird Familie einen großen Beitrag dazu leisten, die Erziehung zu Chaoten zu vermeiden. Diese wachsen dort heran, wo alles erlaubt ist, wo man sich alles leisten kann, wo einem Kind jeder Wunsch erfüllt wird. Aber wenn Kinder bemerken, daß bei den eigenen Eltern nicht in erster Linie das hübsche Aussehen, die schöne Fassade, zählt, sondern die innere Größe den höheren Wert ausmacht, dann werden diese Kinder zu einem reiferen Verhältnis zu anderen Menschen kommen, als das leider bisweilen beobachtet werden muß. Gott schaut nicht auf das Gesicht, sondern auf das Herz. Deshalb muß es zuerst in meinem Inneren stimmen. Was wachsen doch aus solchen Familie für kostbare Menschen heran! Wie unersetzbar ist ein gemeinsamer Familiensonntag, eine festliche Mahlzeit, eine Geburtstagsfeier zu Hause. Weihnachten ohne Familie? Was machen die Singles da?

Warum gibt es dann so viele Singles? Ein Drittel der Haushalte in Deutschland sind Einpersonenhaushalte, Tendenz steigend ...

Warum passt sich die Kirche nicht an?

Ich glaube, daß Familie besonders deswegen von manchen nicht mehr gewählt wird, weil sie bei ihrer eignen Familie ein entscheidendes Element vermißt haben: ein gemeinsames großes Lebensziel. Gemeinsam unterwegs zu Gott sein verhindert den Leerlauf. Wo Menschen sich auf dieser Basis einander die Hände reichen, sind sie auch fähig, schwere Tage zu ertragen. Da wird nicht sofort kapituliert, wenn die Schwäche des anderen zu Tage tritt. Deshalb ist das Glück einer solchen Familie die „Pädagogik der Heiligkeit" (Papst Johannes Paul II.). Gemeinsam Gott entgegenwachsen, das macht Familie unersetzbar.

Zum Ausdruck kommt das besonders in der Kunst des Gebetes. Man muß ja schließlich das Beten lernen. Kinder lernen beten von den Eltern. Man liest von den Lippen der Eltern ab. In einer lebendigen Familie gibt es dabei auch echte Fortschritte, und wo man ehrlich vor einander ist und offen, gibt es auch das leidenschaftliche Gebet, persönlich geprägt, vom Heiligen Geist geführt. Papst Johannes Paul II. hat deshalb gesagt, daß Beten zu einer richtigen „Liebschaft" des Herzens zu Gott führen kann. Wenn das in einer Familie blüht, da wächst der Glaube, da wächst auch die Familie zusammen.

Schließlich ist auch Familie der Raum, in dem die Kinder die ersten wichtigen Schritte in der Verantwortung für die Welt zu tun lernen, Vater und Mutter bei der Arbeit erleben, Ordnung, Harmonie und Schönheit des Elternhauses bewundern, die Freundschaft der Familie mit anderen Familien erleben, die Schönheit der Schöpfung entdecken und schützen lernen – das alles sind Elemente, die das Menschenleben bleibend prägen. Niemand kann Familie ersetzen.

Kritiker unserer Zivilisation sehen in der Verstädterung, Technisierung, im Profitdenken den Grund für die Vereinzelung und das Leid.

Es läßt sich beobachten, daß der Mensch unwahrscheinlich anpassungsfähig ist. Leute, die in engen Stadtvierteln groß geworden sind, reizt es nicht, in eine einsame Bergregion zu ziehen.

Eine Generation, die von klein auf an Auto und Computer gewöhnt ist, möchte auf nichts mehr von all den technischen Neuerungen verzichten. Sollte das Handy einmal aus Gesundheitsgründen verboten werden müssen, dann dürfte es bei der jungen Generation zahlreiche Tränen geben. Es gibt durchaus eine positive Akzeptanz von Verstädterung, Technisierung und allgemeinem Wohlstandsstreben, aber es läßt sich selbstverständlich nicht verheimlichen, daß diese Entwicklungen der modernen Welt enorme Belastungen bringen und so das Leben gleichzeitig erleichtern und beschweren.
Als ich noch mit dem Trabi über die holprige DDR-Autobahn fuhr, gab es nie einen Stau und viel weniger Unfälle. Aber ich kann doch nun nicht auf die Idee kommen, zu wünschen, daß sich nur wenige ein Fahrzeug leisten können.
Die Ambivalenz der modernen Entwicklung sollte uns nicht zur Resignation, sondern zum maßvollen Gebrauch der technischen Möglichkeiten führen. Wo die Gesellschaft besonders aufmerksam sein muß, ist bei der Erfüllung der Sozialpflichten. Bei derart tiefgreifenden Veränderungen, wie wir sie in dieser Zeit erleben, ist immer die Gefahr gegeben, daß einige in der Gesellschaft nicht Schritt halten können. Profitstreben neigt dazu, über diese Schwachen einfach hinwegzusehen. Nach dem Motto – „der Starke überlebt" – interessiert man sich nur für den Leistungsfähigen. Das ist unmenschlich. Wer sich die christliche Nächstenliebe auf die Fahnen geschrieben hat, muß wissen, daß jeder Mensch sozialpflichtig ist und für den Schwachen Sorge zu tragen hat. Dafür sind wertvolle Systeme entwickelt worden, die beispielsweise in Deutschland verhindert haben, daß es zur ähnlichen Massenarmut kommt, wie wir sie in anderen Ländern der Welt häufig in höchst dramatischer Form antreffen. Aber es kann Menschen geben, die auch im sichersten System noch durch die Maschen fallen. Wir müssen sie auffangen. In einem so reichen Land wie Deutschland darf es die echte Armut einfach nicht geben. Und wenn wir sogar sagen müssen, daß nicht wenige Kinder in unserem Land bei Eltern aufwachsen, die nicht in der Lage sind, einem minimalen Versorgungsniveau zu entsprechen, dann ist einfach Korrektur nötig. Es gibt

Bewährungsfelder, die sich für den wählerhungrigen Politiker nicht gerade lohnen, um so mehr ist hier die Caritas der Kirche verpflichtet. Der Arme ist der besondere Ort Gottes.

Einfühlungsvermögen, Demut und Selbstbeschränkung scheinen nicht gerade Konjunktur zu haben.

Ich würde das nicht so negativ beurteilen. Der Mensch hat sich zwar nie ganz leicht getan mit Einfühlungsvermögen und Demut, aber geschätzt wurden diese Eigenschaften, und werden sie auch noch heute. Da kann die materialistische Grundtendenz gar nichts daran ändern. Schließlich ist der Mensch dazu geschaffen, mit Gott und untereinander eins zu werden.
Einfühlungsvermögen ist gewissermaßen ein erster Schritt in die richtige Richtung. Der Mensch hat das Bedürfnis, vom anderen verstanden zu werden. Ohne Einfühlungsvermögen ist das gar nicht möglich.
Deshalb muß man sich selbst verlieren können, wenn man den anderen finden will. Das ist ja zutiefst auch der Schritt, den Gott in der Menschwerdung zu uns getan hat. Er hat sein Gott-Sein nicht festgehalten, sondern sich selbst entäußert und ist Mensch geworden. Deshalb kann ich mein Reinelt-Sein nicht festhalten, sondern muß Müller, Schulze, Schmitt werden, wenn ich zu einem wahren Fortschritt unter den Menschen beitragen will. Das ist ein gewisses Sterben, aber ein umso größeres Auferstehen, weil ich in diesem Lebensstil Jesu nachvollziehe, was er in mir leben will. Demut ist deswegen keine gefühlsmäßige Selbstzerknirschung, sondern Platz machen für Christus.
Die Wirkung eines solchen Lebensstils kann man ablesen an dem vietnamesischen Kardinal Van Thuân, der jetzt Chef von Iustitia et Pax in Rom ist, der bald nach seiner Bischofsweihe in Vietnam von den Kommunisten verhaftet wurde und lange Zeit im Gefängnis verbrachte. Er erzählte uns bei einem Bischofstreffen, daß er in seiner Einzelhaft immer nur mit seinen Wärtern zusammentraf und entschied, seine Seelsorge dadurch zu machen, daß er für diese Wärter mit seiner ganzen Kraft und Liebe dasein wollte; sich selbst verlierend, denn es ist nicht ein-

fach, diejenigen zu bejahen, die einem die Freiheit nehmen. Jeden Tag wurden die Wärter gewechselt, und er fragte dann mal einen, warum wechselt ihr immer? Die Antwort: Weil die Partei nicht will, daß wir von ihnen verdorben werden. Nach einem Jahr wechselten sie nicht mehr. Es kam immer der gleiche. Und so fragte Van Thuân: Warum wechselt ihr nicht mehr? Antwort: Damit nicht alle verdorben werden. Diese Wächter der Unfreiheit sind einem Mann der Demut begegnet, der die Fähigkeit hatte, sich in ihre mißliche Lage hineinzuversetzen und dabei das eigene harte Schicksal fast zu vergessen. Das hat diese Gefängniswärter offensichtlich tief beeindruckt.
Ja, so ist es eben möglich, durch Einswerden mit dem anderen, auch in den schwierigsten Situationen des Lebens, Einblicke in den Himmel zu ermöglichen. Da kann man sich nur wünschen, daß es solche Menschen immer häufiger auf dieser Erde gibt, dann wird der Heilige Geist das Antlitz dieser Erde wirklich erneuern.

Keuschheit, Armut und Gehorsam sind doch das Gegenteil von modern. Diese sogenannten Evangelischen Räte verpflichten Priester und Ordensleute. Aber auch Laien werden diese Tugenden empfohlen.

Solche Tugenden werden wohl nie eine Modeerscheinung sein. Sie haben etwas Überzeitliches. Aber ich behaupte, sie sind zu jeder Zeit erwünscht; auch heute, denn gerade diese Tugenden machen den Menschen kommunikativ. Durch Enthaltsamkeit bzw. Keuschheit, Gehorsam und Armut löst sich der Mensch von sich selbst und wird frei für den Nächsten. Deshalb zieht es Vereinsamte und Deprimierte in die Klöster. Dort erwarten sie am ehesten Frauen oder Männer, die nicht eigene Interessen an erster Stelle kennen.
Nehmen wir das Beispiel Gehorsam. Es gibt keinen Menschen auf der Erde, der nicht Gehorsam kennt und lebt. Jeder ist gezwungen dazu. Viele allerdings gehorchen einfach der Mode oder der Masse, sie gehorchen eher instinktiv als in freier Entscheidung, ihr Gehorsam ist eher ein anonymes Getriebensein –

irgendeine Meinung muß man schließlich haben. Angepaßter Gehorsam ist Kadavergehorsam. Alles das gibt es. Zur Tugend wird das Gehorchen erst, wenn ich mich frage, auf wen ich überhaupt hören kann: Welche Autorität darf ich anerkennen als für den Menschen verbindlich oder wenigstens einigermaßen verbindlich? Als Pfarrer erlebte ich, daß eines Tages drei fünfzehnjährige Mädchen zu mir kamen und um Rat baten. Die Klassenlehrerin hatte alle Schüler verpflichtet, gemäß DDR-Lehrplan, den Fluch der Leineweber gegen Gott – ein sozialistisches Lied nach dem Gedicht von Ludwig Pfau „Der Leineweber" von 1847 – auswendig zu lernen. Die jungen Mädchen hatten den Mut, der Klassenlehrerin die Stirn zu bieten und lehnten es ab, diesen Fluch aus ihrem Mund kommen zu lassen. Die Lehrerin, die nichts mit dem Christsein am Hut hatte, appellierte an die Schülerinnen mit dem Hinweis auf die christliche Gehorsamspflicht. Sie kannte offensichtlich nur den Begriff des Kadavergehorsams. Ich habe den drei Mädchen bewußten Ungehorsam vorgeschlagen. Die Schülerinnen blieben tapfer, die Lehrerin knickte ein, die Klasse erlebte zum ersten Mal, wie es geht, wenn junge Leute ihrem Gewissen entsprechend Gott mehr gehorchen als den Menschen. Fortan waren diese drei Schülerinnen in der Schule hochangesehen.

Nehmen wir Keuschheit: Keuschheit ist nicht Zähne zusammenbeißen und wegschauen, sondern Liebe zum Tiefsten, Eigentlichsten einer Person. Der sexuelle Konsument nimmt sich einen Teilbereich des anderen aus egoistischen Interessen. Der keusche Mensch liebt den anderen in seiner Ganzheit, er isoliert nicht, erkennt seine Grundbestimmung und seine Unwiederholbarkeit, er will den anderen nicht verbrauchen, sondern erhalten. In diesem Sinn gibt es deshalb auch Keuschheit in der Ehe.

Und die Armut? Ich beobachte, daß die junge Generation, die meistens keine Mühe hat, an materielle Dinge heranzukommen, viel gelöster gegenüber diesen Dingen ist, als man es oft vermuten würde. Sie richten Ihre Wohnungen oft sehr einfach ein, leben gern auch mal aus dem Rucksack, sind eher mal daran zu erinnern, daß nicht jeder Tag mit Jeans bestritten werden kann. Da lassen sich Ansätze hin zur Armut des Evangeliums entdecken. Vielleicht werden die drei Evangelischen Räte Armut, Keuschheit und Gehorsam bald wieder aktuell und Tugenden der neuen Zeit.

Revolution des Geistes und der Moral

Für viele ist Gott doch längst eine Illusion, oder?

Gott eine Illusion? Das ist auch schon ein altes Thema. Psalm 14,1: „Die Toren sagen in ihrem Herzen: Es gibt keinen Gott." Also das ist keine Erfindung der Aufklärung. Aber wir Theologen müssen die Gottesfrage wieder mehr in den Mittelpunkt stellen. Denn dem modernen Menschen stellen sich Fragen, die man vor Jahrhunderten, Jahrtausenden noch nicht haben konnte. Gleichzeitig sind naturwissenschaftliche Grenzerfahrungen hilfreich, die metaphysischen Fragestellungen zu begründen. Insofern sind sich moderne Erkenntnis und moderne Theologie gegenseitig entgegengekommen. Die Überheblichkeit mancher populärwissenschaftlicher Aufklärer, wie wir sie in der sozialistischen Schule kennengelernt haben, stirbt langsam aus. Ihre halbwissenschaftlichen Thesen lassen sich in der seriösen Wissenschaftswelt nicht einmal mehr erwähnen. Aber auch umgekehrt hat unser Dialogpartner das Recht, daß die theologische Forschungsarbeit von mancher oberflächlichen Apologie zu einer vertieften Antwort geführt wird.
In meinen reichlich vierzigjährigen pastoralen Erfahrungen ist mir immer wieder begegnet, daß die Gottesfrage für junge Menschen vor allem dann ganz aktuell wurde, wenn jemand persönlich von besonders existenziellen Fragen bedrängt wurde. Eindrucksvoll für mich war der Bericht einer 16jährigen Schülerin, die unmittelbar vor dem Selbstmord stand und plötzlich von der Frage überrascht wurde: Was ist mit dir, wenn du dann tot da unten auf der Straße liegst? Gibt's Gott vielleicht doch? Sie ging einen langen Weg der Suche nach Gott. Sie konnte schließlich in der Osternacht getauft werden.

Dieses junge Mädchen hat mir sehr eindrücklich klargemacht, daß man der jungen Generation den Zugang zur Gottesfrage erleichtern muß.

Brauchen wir eine geistig-moralische Revolution?

Im Chemnitzer Gefängnis wurde eine Ordensschwester, die dort für die Seelsorge eingesetzt war, von einem Gefangenen über ein tiefes mehrstöckiges Treppenhaus hinab durch einen lauten Ruf gefragt: „Schwester, gibt's Gott?" Das ganze Treppenhaus erschallte von diesem Ruf. Ebenso kräftig rief die Ordensfrau aus der Tiefe nach oben: „Ja, es gibt ihn." Wenn man mich an gleicher Stelle in gleicher Weise gefragt hätte: „Brauchen wir eine neue geistig-moralische Revolution?", dann hätte ich genauso hinaufgeschrien: „Ja, wir brauchen sie." Die Geistlosigkeit hat wieder einmal Spitzenniveau erreicht, und moralisch können wir in mancher Hinsicht nicht mehr tiefer sinken. Aber anders als in manchen Medien üblich, die vom geistig-moralischen Tiefstand profitieren und ihn selbst auch provoziert haben, wollen wir nicht beim Lamentieren stehenbleiben. Das bringt nicht viel. Hier gilt eher die Frage. Welche revolutionären Ziele haben wir? Der erste Schritt ist meines Erachtens: Die geistige Umweltverschmutzung, ja sagen wir besser: -vergiftung muß erkannt werden und tapfer bekämpft werden. Das Drama der geistigen Kontamination wird verharmlost. Beispielsweise wird bewußte Schädigung, Hintergehung des eigenen Ehepartners als kleiner Seitensprung bagatellisiert: Man soll so was gemächlich lächelnd zu Kenntnis nehmen. Der rücksichtslose Egoismus, der keine Rücksicht nimmt auf die Gefühlswelt und die seelische Verletzbarkeit des Nächststehenden, hat scheinbar kein moralisches Gewicht mehr. Solche Leichtfertigkeit fordert ihre Opfer. Oder der Umgang mit dem Eigentum des Nächsten: Betrug, Korruption, Benachteiligung, ungerechte Entlohnung, Steuerhinterziehung – die Litanei könnte wahrhaftig verlängert werden: Das alles ist für gewisse Leute zur Gewohnheit geworden, und sie bezeichnen es höchstens als Pech, ertappt zu werden.

Revolution des Geistes und der Moral

Noch ein drittes Signal, das uns eigentlich auch besonders erschüttern müßte, weil die Bagatellisierung des Bösen in unseren eigenen Reihen verheerende Folgen haben wird: Bei den Christen schwindet das Sündenbewußtsein. Nur noch wenige erkennen, daß sie weit hinter dem Ruf Jesu, zu handeln wie der barmherzige Samariter, zurückbleiben. Die schwere Sünde scheint abgeschafft zu sein, durch die hochnäsige Selbsteinschätzung, daß man als Christ ja nun schließlich so böse nicht sei. Die haarsträubende Oberflächlichkeit dieser Gedankengänge wird durch so manchen Prediger leichtfertig unterstützt, dem sehr daran liegt, beim Kirchenvolk Applaus zu erhalten. Dieser Prozeß der Bagatellisierung in der Gesellschaft und in der Kirche hat uns heruntergerissen. Nun wäre es allerdings ein fataler Irrtum, zu glauben, daß die rigide Moralpredigt eine Umkehr brächte. Vielmehr muß nach der Erkenntnis, daß es so nicht mehr weitergehen kann, sofort die positive Zielstellung ansetzen. Eine geistig moralische Kehrtwende kommt, wenn endlich wieder jeder in dieser Gesellschaft weiß, woher er kommt und wohin er geht. Aber es ist auch notwendig zu wissen und zu verstehen, daß mein Ursprung und mein Ziel ein Gott ist, der mich liebt und zwar unendlich. Meine geistige Erneuerung kommt dann nicht aus irgendeiner Angst vor einem höheren Wesen, sondern als Antwort auf Liebe. Wer sich so geliebt weiß, kann auch selbst gar nicht anders, als wieder zu lieben. Ein Jahrhundert der Liebe und der Güte ist das Revolutionsziel. Das klingt einfach, es kostet aber die Kräfte des ganzen Lebens. Es ist aber auch das einzige, was sich lohnt. Wer drunter bleibt, bleibt enttäuscht, sein Leben lohnt sich nicht. Er wird sich mit den wenig glücklichmachenden Späßen des kleinen Mannes abfinden müssen, diese Späße aber zerplatzen im Augenblick wie eine Seifenblase, zurückbleibt dann gähnende Leere. Also machen wir uns auf zur Revolution aller Revolutionen, zu einer Kirche und einer Gesellschaft in der Liebe Gottes.

Das ist aber gar nicht lustig, was Sie sagen: Keine Seitensprünge in der Ehe, kein Schwindel beim Finanzamt usw. Und das Böse soll wieder böse heißen, die Sünde wieder so genannt werden?

WARUM PASST SICH DIE KIRCHE NICHT AN?

Wir hatten uns doch so schön eingerichtet in den letzten 30 Jahren des 20. Jahrhunderts! Mit der 68er-Kulturrevolution fing es an. Ehe, Familie, Staat und Kirche büßten ihre bis dahin selbstverständliche Wertschätzung ein. „Jede Autorität, jede Ordnung, jede Wahrheit ist Faschismus". Das war übertrieben, aber praktisch: Jetzt nehmen wir's nicht mehr so genau, im moralischen Sinne, meine ich. Wieso sollten wir auch? Ist doch viel angenehmer so. Moral ist uncool ...

„Jede Ordnung ist Faschismus" – so radikal habe ich das bisher noch nicht gehört. Längst kann man aber einige aus der 68er-Generation in verantwortlichen Positionen des Staates und der Wirtschaft antreffen. Da müßte man bemerken: „Freund, wie hast du dich gewandelt! Wann kommt eigentlich das Eingeständnis eurer Dummheiten? Glaubt nur nicht, das Volk hätte von den 68er-Ideen alles vergessen." Etwas kurios an der ganzen Geschichte scheint mir zu sein, daß die Beamten, die aus jener Epoche stammen, nicht beamtlicher sein könnten. Die Blockade durch Bürokratie, auf die man vielerorts trifft, rührt nach meinen Beobachtungen bisweilen schon auf den ins Gegenteil umgeschlagenen Prinzipien des „Jede Ordnung ist Faschismus."

Die von Ihnen angesprochenen Probleme berühren eigentlich nichts spezifisch Christliches. Es geht um die Achtung vor der Personenwürde eines jeden. Das ist etwas Allgemeinmenschliches. Es ist zum Besten des Menschen, wenn er sich auf die Treue des Partners verlassen kann. Es dient dem Wohl des Volkes, wenn ich meinen Beitrag in Verantwortung für die Allgemeinheit leiste. Es ist notwendig, für das Wohlbefinden der menschlichen Gemeinschaft, daß sich der Einzelne einer grundlegenden Ordnung unterwirft. Moral ist also zunächst nicht nur eine Sache der Kirche, sondern der gesamten Menschheit. Eine unmoralische Gesellschaft ist chaotisch. In ihr kann sich keiner mehr sicher fühlen, in ihr hat letztlich niemand mehr ein Zuhause.

Na gut, eines stimmt ja: Politiker, die krumme Dinger drehen, Wirtschaftsbosse, die die Weltmeere verseuchen und Skinheads,

die Ausländer verdreschen, das ist wirklich das Allerletzte. Aber unsereiner macht doch so etwas nicht. Die wirklich schlimmen Sachen, die machen ganz andere ...

Genau gegen diese Mentalität wendet sich die Liturgie der Kirche. Jeder, der zu uns in den Gottesdienst kommt, ist verpflichtet, am Anfang Farbe zu bekennen. „Ich bekenne Gott dem Allmächtigen und allen Brüdern und Schwestern, daß ich Gutes unterlassen und Böses getan habe." – so fängt die Messe an. Nicht die Wir-Form wird gewählt, sondern jeder, vom Papst bis zum letzten Neudazugekommenen sagt: *Ich* bekenne. An dieser Stelle darf man ganz laut „ich" sagen. Wenn das in der modernen Gesellschaft selbstverständlich für jeden würde, wäre schon sehr viel gewonnen.

Konsumtempel, Spaßreligion und Sexkult in der Outing-Gesellschaft

Sie sprechen von Liturgie, von der Heiligen Messe. Aber die Masse pilgert zur Schnäppchenjagd, läßt die Vorabendserie predigen, erklärt ihr Handy zum Heiligtum. Sind nicht Kaufhäuser die neuen Tempel, und TV-Soaps die neuen Kulte? Hat der Konsum nicht längst die Religion und der Markenartikel den lieben Gott ersetzt?

Die Konkurrenz zwischen den materiellen Begehrlichkeiten und Gott ist so alt wie das Menschengeschlecht. Der Baum der Unterscheidung des Paradieses steht ja auch für diese Spannung. Die Geschichte von der Sintflut mit dem göttlichen Konzept des Neuanfangs mit einem besseren Menschen gründet ebenfalls auf diesem Dilemma. Nach Noah und seinen Tagen ging das Drama der falschen Wahl gegen Gott immer weiter. Auch Paulus muß schließlich klagen: Ihr Gott ist der Bauch, ihr Ruhm besteht in ihrer Schande. So knüpft das heutige Erscheinungsbild an eine alte lange Geschichte des Menschen mit Schlagseite an.

Warum passt sich die Kirche nicht an?

Für uns ist interessant, wie Gott an diesen Stellen der menschlichen Geschichte reagiert. Als beim Auszug des auserwählten Volkes aus Ägypten die Menschen das große Murren gegen Mose begannen (Ex 17), weil sie Durst hatten, kommt in dieser für Mose schwerwiegenden Situation, weil die Gefahr bestand, daß man ihn steinigte, die Lösung von Gott her auf eine merkwürdige Weise: „Der Herr antwortete Mose: Geh am Volk vorbei und nimm einige von den Ältesten Israels mit. Nimm auch den Stab in die Hand, mit dem du auf den Nil geschlagen hast und geh. Dort drüben auf dem Felsen am Horeb werde ich vor dir stehen. Dann schlag an den Felsen. Es wird Wasser herauskommen und das Volk kann trinken" (Ex 17,5–6). „Am Volk vorbei" – d. h. nur einer kleinen Gruppe wird die Lösung anvertraut. Alle können zwar trinken, aber die Quelle eröffnet sich vor den Augen einer nur sehr kleinen Schar.

Das scheint das Prinzip des rettenden und helfenden Gottes bis heute geblieben zu sein. Er will den Durst aller stillen, da geht er nicht am Volk vorbei. Aber wenn es darauf ankommt, an die Treue des rettenden Gottes zu glauben, um die Quellen zu erschließen, da scheint sich Gott immer mit der kleinen Schar zu begnügen. So hatte Jesus eine begrenzte Schar um sich, so fing die Kirche klein an und wenn man sehr genau in die Geschichte der Kirche hineinschaut, sind es immer wieder nur wenige, von denen her der Neuanfang in Kirche und Gesellschaft hinein erschlossen wurde. So hat die jeweils kleine Schar um den Mönchsvater Antonius einen Neuanfang ermöglicht. Der Europa-Patron Benedikt hat neu begonnen. Bernhard von Clairvaux und seine Schar haben Europa revolutioniert. Teresa von Avila hat zur Zeit der deutschen Reformation zusammen mit ihren anfänglich schwer bekehrbaren Nonnen dann doch einen ganz anderen Geist auf die iberische Halbinsel und weit darüber hinaus getragen. Viele spirituelle Gemeinschaften bis in unsere Tage hinein sind die Ursache dafür, daß es bei allem Trend der Masse nach unten immer wieder nach oben ging. Das wird auch heute so sein, deswegen wundern mich nicht die kleinen Zahlen, denn schon Jesus hat gesagt: „Fürchte dich nicht, du kleine Herde, denn euer Vater hat beschlossen, euch das Reich zu geben" (Lk 12,32). Also, wenn der Konsum die Beziehung zu Gott bei noch so vielen verdrängen kann, wird doch immer die kleine Schar bleiben, die dann die Quellen immer neu erschließt. Das steht fest. Das hat Jesus seiner Kirche zugesagt.

Aber was kann die Kirche uns kleinen Glücksrittern geben?

Jeder gesunde Mensch hat das starke Verlangen, glücklich zu sein. Diese Grundtendenz muß der Schöpfer in uns hinein gelegt haben, sonst wäre der Drang danach nicht so stark. Außerdem ist der gesamte Offenbarungstext mit dieser Grundtendenz ausgestattet. Immer geht es darum, daß der Mensch nicht zufrieden sein muß mit seinem „kleenen bißchen Glick" (My fair Lady), sondern sich ausstrecken soll nach dem ganz großen Glück. Er soll dorthin gehen, wo er endgültig Erfüllung findet. Das ist eben nur bei Gott. Deshalb sagt Augustinus: „Unruhig ist unser Herz, bis es Ruhe findet in dir, o Gott." Das Herumspringen der kleinen Glücksritter von einem Spaßerlebnis zum anderen rührt ja daher, daß überall am Ende Enttäuschung zurückbleibt. Es ist alles zuwenig. Kirche verweist deshalb auf die für immer gültige Lösung: „Du allein Herr, bist mein einziges Glück" (Ps 16,2).
Als Kaplan erlebte ich einmal bei einem Jugendfasching, daß bei den jungen Leuten keine rechte Freude aufkommen wollte. Da machte einer einen Fehler, wie man ihn in einer solchen Situation nicht schlimmer begehen konnte: Er schrie in den Saal „Stimmung!". Er wollte die Stimmung des Glücklichseins befehlen. Nun kam erst recht keine fröhliche Stimmung auf. Manchmal habe ich den Eindruck, daß die bezahlten Stimmungsmacher der Nation mit lächerlichem Krampf ähnlich sinnlos im Einsatz sind. Der schale Geschmack, der am Ende solchen Bemühens steht, läßt uns deutlich werden, daß man dem Menschen eben mehr bieten muß, und zu unserem Erstaunen bietet sich Gott selbst an. Ich darf deswegen wieder mit dem Psalm beten: „Tu ein Zeichen und schenke mir Glück!" (Ps 86,17).
Für den Juden war einer der schönsten Psalmenverse: „Du sollst dein Leben lang das Glück Jerusalem schauen" (Ps 128,5). Und

die ganz persönliche Erfüllung beschreibt dann ein anderer Psalm: „Ich aber – Gott nahe zu sein, ist mein Glück" (Ps 73,28). Übrigens habe ich nachgeschlagen, das Wort Glück kommt mit seinen Ableitungen weit über 100mal in der Bibel vor. Offensichtlich hat es einen hohen Stellenwert für den von Gott geschaffenen Menschen.
Sicherlich muß man in diesem Zusammenhang klärend bemerken, wenn einer als Christ nicht zutiefst glücklich geworden ist, hat er irgendetwas in seinem Glauben nicht richtig erkannt. Da muß dann noch Licht in den Schatten.
Muß es erst immer zu solchen Katastrophen wie am 11. September 2001 kommen, daß Menschen zu Tausenden wieder Ausschau nach Gott halten? Auf jeden Fall gibt es immer wieder Menschen, die sich unruhig fragen, ob es wirklich nur unsere Leistungen, unsere Berechnungen, unser Durchsetzen gibt. Besonders interessiert die Denker unserer Tage wieder: Wo geht die gemeinsame Fahrt der Menschheit hin? Worauf läuft alles hinaus? Wir dürfen an dieser Stelle nur nicht mit billigen Antworten kommen, die gerade das Göttliche der Gottesfrage vernebeln würden, denn letzte schlüssige Schulbuchantworten wären eher ein Hinweis, daß wir nicht mal die Fragen verstanden haben. Wenn wir auch an dieser Stelle an einen Gott glauben, der die Liebe ist, dann müssen wir uns gefallen lassen, daß er keine definierbaren Erklärungen abgibt. Liebe macht so etwas nicht. Sie bleibt im Raum des Vertrauens und gestattet sich deswegen Ungeklärtes, eben weil man sich liebt.

Wir leben heute in einer Outing-Gesellschaft: Viele sind bereit, prominent oder auch nicht, ihre Macken und Meinungen selbstgefällig in Talk-Shows auszubreiten. Dabei wird über Seitensprünge und sexuelle Praktiken genauso unverblümt geredet wie über angeblich frühere Leben („Da war ich Hohepriesterin im alten Ägypten ...") Diese öffentlichen (Sünden-)Bekenntnisse sind die neue, gesellschaftsfähige Form der Beichte!

Tatsächlich überrascht es, daß in der Zeit, in der die Beichte unter vier Augen den Modernen fast unaufbringliche Kräfte kostet, der Weg einer suchtähnlichen Entblößung in der Öffentlichkeit gewählt wird, wie das nicht zu vermuten war. Der entwickelte Entblößungskult trägt nach meinem Eindruck bereits psychopathische Züge. Sicher will mancher Politiker oder mancher Wirtschaftsboß den Enthüllungen der Medien zuvorkommen, um seine Position zu sichern, aber manchmal geht es bereits um ein krankhaftes Bedürfnis.

Wo liegt der wesentliche Unterschied zwischen diesem Outing in selbstgefälligen Talk-Shows und der Beichte? Das Outing trägt die Geheimnisse der Seele auf den Markt und das wortwörtlich – es wird ja dafür gezahlt. Die Beichte hingegen läßt die letzten Reserven vor Gott fallen und vertraut sich ihm mit letzter Ehrlichkeit an. Der Beichtende hat erkannt, daß man einem, der in unendlicher Barmherzigkeit offen ist auch für den Sünder, nichts zu verheimlichen braucht. Wie es im Dreifaltigen Gott voreinander keine Verheimlichungen gibt, so kann es diese auch nicht zwischen einem Menschen geben, der Gott liebt, und dem Vater, der dem Sünder unendliche Barmherzigkeit entgegenbringt. Ganz offensichtlich handelt es hier wieder um eine Grundbeschaffenheit des Menschen. Beichten entspricht seinem seelischen Aufbau. Schon das Kind erwählt sich intuitiv den Vertrauten, bei dem es seine kleinen, begangenen Bosheiten wieder loswerden kann. Bei Erwachsenen, die dieses Urbedürfnis raffiniert verdrängen, rächt sich irgendwann im Leben die Seele mit jenen Vulkanausbrüchen, deren Ursache dann mühsam die Seelentechniker herauszufinden suchen. Oft ergebnislos. Und so quälen sich viele lieber herum, statt dem Vertrauen zu schenken, der es allein verdient hat. Und daß er sein Bodenpersonal zwischenschaltet, ist ja offensichtlich die menschenfreundliche Taktik dieses liebenden Gottes, der weiß, daß auch der Sünder den friedenstiftenden Erbarmer anfaßbar braucht. Gerade der Sünder, der sehr am Boden liegt, wohl weil er ehrlich ist, ist dankbar, eine warme, wohlklingende Stimme zu hören: „Ich spreche dich los von deinen Sünden." Christenheit, wie bist du naiv, dich aus undefinierbaren massenpsychologischen Gründen um diese Kostbarkeit zu bringen! An dieser Stelle haben sich die protestantischen Geschwister um eine der größten Kostbarkeiten der Kirche selbst betrogen. Martin Luther wollte das nicht.

Unter „Sünde" verstehen die Leute entweder Schokolade, also Sünde wider die Diät, oder Sex; Sex aber eigentlich nicht ernsthaft. Sie halten es mit Hildegard Knef: „Kann denn Liebe Sünde sein? – Nein, das kann sie nicht." Was hat die Kirche dagegen?

Kirche hat natürlich nichts gegen Sexualität, denn sie ist ja grundsätzlich von Gott gewollt. Der Mensch ist so geschaffen. Aber Sexualität kann man nicht von Liebe trennen. Das Kennzeichen von wahrer Liebe ist Ordnung und nicht Chaos. Liebe ist zutiefst endgültig, nichts auf Probe. Liebe schafft deshalb ein Bündnis. Wer so miteinander verbündet, verbunden ist, lebt Sexualität in Ordnung.

Aber das können Sie doch nicht sagen, das schränkt uns doch ein! Wir wollen doch jederzeit und egal wie unsere Triebe befriedigen ... Was spricht denn dagegen?

Es geht uns nicht um ein Dagegensein, sondern es geht uns um den vollendeten Menschen. Jede halbe Menschlichkeit ist immer unmenschlich. Da verarmt einer dabei, da verhungern ja sogar die Gefühle, das wissen die Psychologen längst, sie sagen es aber leider nur leise. Die Kirche möchte das komplette Glück des Menschen, nicht nur eine momentane Befriedigung. Sexualität ist kein Selbstbedienungsladen. Ihr Ziel ist ein zweifaches: Die Fortpflanzung des Menschen und die Erfüllung des Partners mit einer tiefen Glückserfahrung. Beides geht nicht allein und geht nicht gut ohne selbstlose Liebe.

Spaßhaben ist der aktuelle Religionsersatz. Sie haben gesagt: Liebe braucht Ordnung, Endgültigkeit. Was heißt das konkret für das Leben eines jungen Menschen?

Das heißt ganz konkret, sexuelle Beziehungen vor der Eheschließung sind deswegen falsch, weil die endgültige Bindung für das ganze Leben noch fehlt. Die Gefahr, den anderen zum Versuchskaninchen zu erniedrigen, weil man der Diktatur der Lust nicht widerstehen kann, ist sehr groß. Da mag schon Liebe eine gewisse Rolle spielen, aber es ist noch nicht jene verbindliche Liebe bis zum Tod, die mehr sucht als den Spaß. Warten können ist Liebe. Sich alles sofort nehmen ist Raub.

Hätte man vor 100 Jahren die Auswirkungen der Propagierung von Sex in Werbung, Zeitschriften, Filmen, Musik, Modetrends und allgemeinem Bewußtsein auf einen Heranwachsenden, wie sie heute normal geworden sind, beschreiben wollen, man hätte ihn im Puff groß werden lassen müssen ... Wir leben im Sexkult!

Das, was heute über Sex gesagt und geschrieben wird, ist in der Tat ein Sexkult. Da ist es schwer, einen klaren Kopf zu behalten. Eltern, Erzieher, Kinder- und Jugendpastoral haben hier eine wichtige Aufgabe. Wir müssen hier gelegen oder ungelegen unsere Sicht der Dinge einbringen.

Sie werden aus Ihrer Erfahrung mit Jugendlichen sicher auch welche kennen, die durchaus gläubig sind, aber unter der Gürtellinie anders leben. Wie gehen Sie als Seelsorger damit um?

Seelsorge ist immer auch Weitergabe der Barmherzigkeit Gottes. Es geht nicht darum, junge Leute zu verdammen, sondern ihnen zu helfen, ihnen wahres Glück zu zeigen. Es geht auch nicht darum, jemandem Vorwürfe zu machen, aber die Dinge müssen beim Namen genannt werden. Es wäre schlimm, wenn eines Tages Jugendliche sagen: „Warum habt ihr uns das nicht gesagt?"

Kann es die Kirche jemandem überhaupt zum Vorwurf machen, daß er hinsichtlich seiner Sexualität so geprägt ist, daß er nicht von heute auf morgen sagen kann: „Ich mach's anders."?

Nicht immer ist derjenige, der die Normen verletzt, selbst daran schuld, daß er unfähig ist, den rechten Weg zu gehen. Eine große Verantwortung liegt bei Eltern und Erziehern. Wenn Kindern alles genehmigt wird, wenn man ihnen jeden Wunsch erfüllt, dann fehlt die für den heranwachsenden Menschen wesentliche Erfahrung, daß das Leben auch Verzicht verlangt. Viele junge Leute sind so zu Sklaven ihrer Bedürfnisse erzogen worden. Sie müssen immer etwas kauen, lutschen, vereinnahmen. Sie brauchen ununterbrochen Events, Highlights oder wie sie sonst Halbrausch- oder Rauschzustände benennen mögen. Einem solchen Menschen helfe ich natürlich nicht, wenn ich nur die Normen benenne. Das könnte ihn sogar in eine verzweifelte Minderwertigkeitsrolle drängen. Nein, hier ist ein langer Erziehungsweg nötig, der mit einfühlsamen Methoden die Mängel der Erziehung in der Vergangenheit einigermaßen zu reparieren sucht. Leider kapitulieren viele Eltern und Erzieher an dieser Stelle, und auch in der Kirche gibt es hier viel Resignation. Wer jedoch einfach kapituliert, der macht es sich zu leicht und wird weiteres Versagen und manches Unglück provozieren.

Was sagen Sie als Bischof einem jungen Mädchen, das Sie fragt: Warum soll ich mit meinem Freund nicht schlafen dürfen, wenn ich ihn doch über alles liebe?

Ist es wirklich Liebe oder bloß erotische Gefühlswelt? Letzteres ist ganz schnell vorüber. Wieder geht es bei dieser Frage um das gleiche Problem: Will ich Spaß wie eine Momentaufnahme oder will ich ein bleibendes Bündnis? Wenn du, junges Mädchen, ihn wirklich liebst, gibt es zum festen Bund keine Alternative.

Die Kirche, der Papst sagt es oft genug, ist gegen Verhütungsmittel: Was um Himmels willen ist dagegen zu sagen, daß eine Frau nicht jedes Mal schwanger wird, wenn es der Natur gefällt?

Auch der Papst sagt nicht, daß jede Frau jedes Mal schwanger werden soll, wenn es der Natur gerade so gefällt. Unsere Kirche kennt die Familienplanung, ja sieht sie unter entsprechenden Bedingungen sogar als verpflichtend an. Sie wird aber hochempfindlich bleiben in *allen* Bereichen des Menschseins, nicht nur in Fragen der Sexualität, wenn der Mensch technisch manipuliert wird. Die augenblickliche Bioethikdebatte hängt mit den hier gestellten Fragen viel tiefer zusammen, als wir vermuten. Hände weg, wenn der Mensch zu irgendeinem Nutzen zurechtgemacht werden soll!

AIDS ist heute stark verbreitet, überall heißt es: „Kondome schützen." Ist es nicht einfach eine medizinische Notwendigkeit, eines zu benutzen?

Diese Frage habe ich eigentlich eben schon beantwortet, aber hier müssen wir sogar noch einen Schritt weitergehen. Fragen Sie doch einfach mal alle diejenigen, die Kondome benutzt haben und trotzdem aidskrank geworden sind. Es gibt in diesem Fall nur eine Sicherheit: Das ist die eigene Ehe, wenn nicht vorher schon der eigene Partner infiziert ist.

Homosexuelle fühlen sich von der kirchlichen Lehrmeinung diskriminiert, während moderne Theologen behaupten, diese Veranlagung sei Teil der guten Schöpfung Gottes. Muß sich die Lehrmeinung ändern?

Wir bezeichnen Homosexuelle nicht als Verbrecher. Das bedeutet ja Diskriminierung. Die Schöpfung Gottes aber hat den Menschen so eindeutig zweigeschlechtlich konstruiert, daß ich mich nur wundern kann, daß ein Theologe nach einer Konstruktion sucht, mit deren Hilfe Homosexualität gerechtfertigt werden kann.
Wir Christen sehen Menschen mit homosexuellen Neigungen nicht als Minderwertige an, schließlich ist diese Neigung nur ein Teil ihrer gesamtmenschlichen Existenz. Außerdem müssen wir sagen, unbelastete Menschen gibt es auf dieser Erde sowieso kaum. Deshalb sind Menschen mit gleichgeschlechtlichen Neigungen genauso unsere Brüder und Schwestern, mit denen wir zusammenleben wollen, wie mit jedem sonst.
Aber wir werden nicht müde, daran zu erinnern, daß menschliche Neigungen allein nicht von sich aus einen Lebensstil recht-

fertigen. Außerdem sind die bisherigen sogenannten wissenschaftlichen Beweise für die biologisch endgültige Festlegung von Bi- oder Homosexualität längst durch anerkannte Fachleute in den letzten zehn Jahren in den Bereich der Legende gerückt worden. Die Behauptung von der unveränderlichen Veranlagung ist durch massive Argumente entkräftet oder in Frage gestellt worden. Im übrigen kann der Mensch viele Veranlagungen erben, die er dennoch in überragender menschlicher Freiheit beherrschen kann. Das trauen wir auch homosexuell veranlagten Menschen zu und grenzen sie deshalb nicht aus unserer gemeinsamen Seelsorge aus. Sie sollen wissen, daß Gott sie liebt, und in dieser Liebe können sie Kraft finden, ihre Probleme zu bewältigen, wie sie es vielleicht früher nicht für möglich gehalten hätten.

Dann können Sie sich nicht vorstellen, einem homosexuellen Paar den kirchlichen Segen zu geben, wie es in der evangelischen Kirche bereits geschieht?

Natürlich nicht, denn das würde als Absegnung des Homo-Lifestyles gedeutet. Bei aller Sorge um den Bruder und die Schwester muß die Klarheit gewahrt bleiben.

Transvestiten und Mannweiber wurden früher bestaunt oder belächelt. Heutzutage gilt die Kritik an Geschlechterrollen als selbstverständlich, das Spiel mit der sexuellen Identität als Vorzeichen einer androgynen Gesellschaft. Ist mit der Emanzipation „der kleine Unterschied" überhaupt noch wichtig?

Jeder gute Psychologe und der Biologe sowieso können auf eine Fülle von geschlechterspezifischen Begabungen und auch Defiziten hinweisen, die trotz der modernen Emanzipationsdebatte nicht verschwinden werden. Für uns als Kirche sind die typischen Unterschiede wesentliche Merkmale des Menschseins. Das Aufeinander-verwiesen-Sein und Zueinander-in-Spannung-Leben ist weder für den Mann noch für die Frau Verlust, sondern reicher Gewinn. Persönlichkeitsentfaltung erwächst ja gerade aus diesen Spannungen. Das Gesamtgefüge Mensch verbietet uns geradezu zu denken, daß sexuelle Unterschiedlichkeit keinerlei Einfluß auf die übrigen Seiten des Menschseins hätte. Hier üben offensichtlich gesellschaftliche Ideologien von der totalen Gleichheit einen massiven Druck auf das freie, vernünftige Denken aus. Selbstverständlich finde ich es scheußlich, daß manche der Frau und manche dem Mann eine minderwertigere Rolle zugeteilt haben. Diese Zeiten sollten für immer vorbei sein. Solches Denken ist eindeutig gegen Gott.

In unserer Gesellschaft gilt mittlerweile ein Seitensprung in der Ehe als normal, manche Frauenmagazine empfehlen ihn geradezu zur „Auffrischung eingeschlafener Verhältnisse"...

Viele Magazine leben nur vom Billigangebot an die Spaßgesellschaft. Da wird wenig nach Wahrheit und Sinn gefragt. Verkaufen läßt sich, was schmeckt. Uns aber geht es um Höchstwerte wie Treue und Vertrauen. Wenn die Treue gebrochen wird, bleibt auch das Vertrauen auf der Strecke. Wo das Vertrauen fehlt, ist keine Liebe mehr. Was aus einer Ehe wird, in der die Liebe erkaltet ist, das erleben wir fast täglich. Es ist ein Verlust für beide Ehepartner, wenn sie vor den Schwierigkeiten kapitulieren. Es wird selten eine Ehe ohne gravierende Probleme geben. Diese aber sind eine kostbare Chance, aneinander zu wachsen, statt voreinander davonzulaufen. Und vergessen wir nicht: Was wird bloß aus den Kindern?

Thema: wiederverheiratete Geschiedene. Wenn jemand in einer neuen Ehe von vorn anfangen will, erlaubt auch das die Kirche nicht. Schenkt Gott dem Menschen nicht immer wieder die Chance des Neubeginns?

Ja, ja, den Neubeginn finde ich selbstverständlich sehr, sehr gut, aber *in der* Ehe, für die jeder der Partner versprochen hat, zusammenzustehen, in guten und in bösen Tagen, in Gesundheit und in Krankheit. Was Gott verbunden hat, das darf der Mensch nicht trennen. Also neu anfangen, mit Schwung, mit Freude, aber dort, wo Gott mich haben will.

WARUM PASST SICH DIE KIRCHE NICHT AN?

Eigentlich ist das doch ungeheuerlich: Die ganze westliche Welt feiert den Sexus als einen ihrer großen Götter. Ganze Industrie- und Dienstleistungssparten leben von der Lust-Stimulierung und Lustbefriedigung. Von allen Ecken wird tagaus, tagein die pralle Fleischeslust verkündet. Selbst die höchsten Repräsentanten in Politik und Staat wechseln die Ehefrauen wie die Hemden. Und da gibt es doch glatt Leute, die machen da nicht mit! Sie sprechen von Scham und Keuschheit, von Zölibat und Jungfräulichkeit. Herr Bischof, was fällt der Kirche eigentlich ein, staatstragende Elemente unserer Zivilreligion zu sabotieren?

Diese Sabotage zerstört nicht, sondern verhindert Zerstörung. Die Zeitungen sollten beschreiben, welches Leid die nach einer Scheidung Zurückgelassenen – manche für das ganze Leben – durchstehen müssen. Da bleiben seelische Verwundungen, über die sich nur ein Brutaler hinwegsetzen kann. Ich bin mir übrigens ganz sicher, daß die überwiegende Zahl von Kinder- und Jugenddelikten auf diesem schlechten Boden zerrütteter Ehen gewachsen ist. Außerdem ist für mich der willkürliche Partnerwechsel nichts anderes als die lächerliche Illusion, das große Glück mit dem nächsten oder der nächsten zu machen. Die Desillusionierung folgt auf dem Fuß. Die Irrwege solcher Spaßgesellschaften wurden in der Geschichte immer mit dem Untergang bezahlt. Ist der Kindermangel unserer Egoismus- gesellschaft nicht schon längst der Anfang davon?

Wie sind Sie denn persönlich als junger Priester mit Ihrer Sexualität umgegangen, und wie ist das heute?

Ich muß gestehen, daß mich der Schritt zur Ehelosigkeit eine ganze Menge innerer Kräfte gekostet hat. Das war für mich kein Kinderspiel. Aber als ich 1960 mit einer ganzen Reihe anderer Priesterkandidaten das Versprechen der Ehelosigkeit abgelegt habe, war ich fest entschlossen, diesen Weg mit aller Konsequenz und ohne jeden Kompromiß zu gehen. Heute kann ich sagen, daß mich Gott in wunderbarer Weise getragen hat, und ich habe mir das am Anfang viel schwieriger vorgestellt, als es dann im Leben kam. Ich habe im Laufe des Lebens sehr viele sympathische Frauen kennen gelernt, aber es ist doch ein großartiges Zeichen von Achtung vor einer priesterlichen Berufung, daß nie eine von ihnen auch nur andeutungsweise den Versuch einer Grenzüberschreitung gemacht hat.

Manchmal habe ich heute leider das Gefühl, daß es da die jungen Priester schwerer haben, als wir vor wenigen Jahrzehnten. Wenn dann aber manche behaupten, daß ein Zölibatärlebender nur noch die Fluchtmöglichkeit in eine geheime Schadloshaltung hätte, dann ist auch das nach meinen persönlichen Erfahrungen nichts anderes als eine verleumderische Behauptung.

Freilich kann man den Zölibat nicht nur aus Disziplinargründen leben; wenn nicht die Liebe zu Gott und zur Kirche die entscheidende Rolle im Leben spielt, wird man es nur schwer schaffen. Aber alle, die ihn gelebt haben, ohne sich menschlich zurückzunehmen, werden dankbar und froh bekennen: Diese Lebensart hat mir viel innere Freiheit gegeben und das Feuer der Begeisterung für die Kirche immer wieder neu entfacht.

Deswegen sind die vielen, vielleicht sogar liebgemeinten Worte des Bedauerns und sogenannten Mitleids gegenüber uns Priestern in diesem Punkt für mich eher so etwas wie eine Beleidigung. Aber, wie ein Ehemann kaum exakt begründen kann, warum er diese Frau geheiratet hat und nicht eine von Tausenden anderen, so ist es eben auch nicht exakt begründbar, warum ich mich für diesen Weg des Glaubens entschieden habe und nicht für einen anderen. Da muß schon jemand geholfen haben.

Bioethik: der Mensch als Hühnerei?

Wenn ein Ehepaar sich sehnlichst Kinder wünscht, aber selbst keine kriegen kann, gibt es heute viele Möglichkeiten, dies zu ändern. Warum schießt die Kirche da quer?

Kinderwünsche sind verständlich. Aber auch hier sage ich wieder: Hände weg, wenn es um den Menschen geht. Alles mani-

pulieren nach Wunsch – das ist die uralte Versuchung des Menschen. Immer hat er versucht, einzugreifen, immer wieder hat er das später bereut.
Wenn ich daran denke, daß bei der In-vitro-Fertilisation so mal nebenbei Embryos überzählig entstehen und auf Eis gelegt werden, da friert es mich. Vom ersten Moment der Befruchtung an ist da ein Mensch. Der Mensch bleibt absolut unantastbar von Anfang an, vom ersten Augenblick der Befruchtung der Eizelle bis zum letzten Atemzug. Jede Manipulation ist ein Angriff gegen den Menschen. Auch der Arzt hat kein Recht, über den Embryo zu entscheiden. Wir wollen das Leben. Wir wollen Kinder willkommen heißen und zwar genau auf dem Weg, den der Schöpfer für den Menschen gewollt hat und will.

Gerade in den bioethischen Fragen wird spürbar: Die Gesellschaft ist säkularisiert. Kinder will man klonen, sie werden bei Leihmüttern ausgetragen, unpassende Kinder rechtzeitig aussortiert. Welche Chance hat die Kirche, dagegen anzugehen? Oder soll sie sich da besser raushalten?

Noch wird die Stimme der Kirche in bioethischen Fragen sehr aufmerksam gehört. Bei diesem Thema ist ja auch liberalsten Vertretern der Gesellschaft nicht ganz wohl. Der Kampf wird zwischen denen ausgetragen, die der wissenschaftliche Ehrgeiz treibt und die sich immense wirtschaftliche Erfolge ausrechnen – auf der einen Seite; und denen auf der anderen Seite, die Verantwortung für die unantastbare Würde des Menschen zu übernehmen bereit sind. Letztere Gruppe wird nicht nur von der Kirche vertreten. Es gibt eine breite Koalition der Vernunft. Bedauerlicherweise kommt es in der Politik bei diesen Fragen immer wieder zu faulen Kompromissen. Man möchte einerseits die Karre nicht in den Dreck fahren, andererseits meint man, ein bißchen schmutzige Finger seien unvermeidbar. Wir vertreten hingegen als Kirche die Auffassung, daß in diesen prinzipiellen ethischen Fragen Kompromißlosigkeit, Klarheit des Denkens und Handelns der einzig rettende Weg ist. Wenn sich die Kirche aus diesen Auseinandersetzungen heraushalten

würde, wäre ihre Verantwortungslosigkeit schlimmer als die der Vertreter des rein Säkularen. Unser Respekt vor dem Menschen ist ja immer auch gleichzeitig ein Respekt vor Gott.
Wenn man sieht, wie einige eifrige Umweltschützer für geschützte Wege der Frösche zu ihren Laichplätzen kämpfen, dann können wir doch als Christen nicht schweigen, wenn man mit Menschen in den frühesten Lebensstadien umgeht, wie mit Hühnereiern in Brutkästen.

Der Mensch macht sich von jeher die Natur so zurecht, daß sie ihm nützt. Auch an sich selbst bastelt er schon einige Zeit herum. Denken Sie nur an die kulturell weit- und seit langem verbreitete Veränderung, manchmal Verstümmelung des Körpers aus ästhetischen oder sogar religiösen Gründen. Oder an die weitgehenden Eingriffe der Medizin, Transplantationen oder Organspenden zum Beispiel.
Warum soll der Mensch gerade bei der Humangenetik stoppen? Sie soll doch der Gesundheit dienen ...

Es geht nicht darum, die humangenetische Forschung zu stoppen, es geht um den Schutz ungeborener Kinder, die geopfert werden sollen, um zu Forschungsergebnissen zu kommen. Das ist verantwortungslos. Menschenleben ist unantastbar, in jedem Stadium seiner Existenz. Ebenso ist die Selektion, die Auswahl gesunder Embryonen und das Wegwerfen kranker verantwortungslos. Auch ein kranker Mensch hat das Recht, zu leben. Behinderte sind nicht selten glücklicher als Gesunde. Wenn man bezüglich der Embryonen im früheren Stadium behauptet, das sei noch kein Mensch, dann muß man diese Behauptung beweisen, bevor man tötet. Selbstverständlich wird man diesen Beweis gar nicht erst versuchen, weil er nämlich nicht möglich ist. Deswegen: Hände weg vom Menschen, vom Anfang der Befruchtung bis zum letzten Atemzug!

Auch der verdoppelte Mensch scheint nur eine Frage der Zeit zu sein. Und ist das eigene – oder fremdes – Erbgut erst mal verfügbar, werden die ersten rufen: „Meine Gene gehören mir! Also kann ich einen Klon machen lassen. Mein Klon gehört mir! Also kann ich mit ihm machen, was ich will."

Das Klonen ist besonders makaber, denn hier maßt sich der Mensch an, Menschen nach seinem Geschmack zu fabrizieren bzw. zu manipulieren. Wenn Menschen anfangen, sich den Menschen zurechtzumachen nach eigenem Geschmack, dann dürfen sie sich nicht wundern, wenn sie von anderen auch nicht mehr selbst gewürdigt werden. Daß Draufgänger dann den Mitmenschen nicht mehr für unantastbar halten, beginnt schon jetzt schreckliche Formen anzunehmen. Das ist aber die Konsequenz eines Denkens, dessen Tragweite gewisse Forschertypen nicht abzuschätzen scheinen. Der Schöpfer hat dem Menschen eine unvergleichliche Hoheit verliehen. Wer diese mit den Füßen tritt, tritt auch sich selbst in den Schmutz. Der Mensch als manipulierbare Zellmasse – das wäre der Untergang der Zivilisation. Krieg im Reagenzglas – wollen wir das?

Schweizer Genforscher entwickeln den "Goldenen Reis". Er enthält außer Kohlehydraten Vitamine usw., um Mangelkrankheiten zu verhindern. Kostenlos und ohne Beschränkungen soll er an Anbauer in armen Ländern vergeben werden. Endlich bekommt die Dritte Welt, was sie braucht!

Für Notsituationen mag der "Goldene Reis" durchaus eine echte Hilfe sein. Für den Normalfall aber hat eine solche Lösung wieder so etwas Erniedrigendes für die Menschen in der sogenannten Dritten Welt. Der Mensch ist kein Vieh, das man abfüttern kann. Das menschliche Mahl ist ein wesentliches Element der Gemeinschaftskultur. Gott hat den Tisch für alle reich gedeckt. Wir müssen nur teilen können. Wenn unsere Großmärkte ein Superangebot an Katzenfutter zur Schau stellen, wie können wir dann als reiche Völker die Armen mit dem Billigsten abspeisen?

In den Niederlanden ist die aktive Sterbehilfe legalisiert. Freier Tod für freie Bürger?

Ich glaube an einen liebenden Gott, der mich in keinem Stadium meines Lebens fallenläßt. Besonders dann, wenn mich schwere Stunden treffen, ist er bei mir. Wenn ich sterbe, sterbe ich in seinen gütigen Händen. Ein Christ kann deshalb nicht auf die Idee kommen, diese Hoch-Zeit seines Lebens abzukürzen. Diese Gedanken können nur für den ärgerlich sein, der davon überzeugt ist, daß nach dem Tod sowieso nichts mehr kommt. Wer nach Sterbehilfe verlangt, geht den Schritt der Verzweiflung. Ich werde mir hoffentlich nie ein Urteil über den anmaßen, der aus Verzweiflung das Ende sucht. Aber der Arzt, der sich anmaßt, Leben beenden zu können, bewirkt gerade das Gegenteil dessen, zu dem er berufen ist: Leben retten, nicht Leben zerstören. Die Medizin kann übrigens den Schmerz in schweren Krankheitsphasen heute so beherrschen, wie das noch nie möglich war. Vorbildliche Mediziner kämpfen an dieser Front.

Geld oder Leben!

Berufliches Vorankommen ist in unserer Gesellschaft wichtig. Und wenn man es geschafft hat, will man es auch zeigen und sein Leben in vollen Zügen genießen. Manchmal hat man dann jedoch den Eindruck, die Kirche gönnt es einem nicht: Man soll ständig ein schlechtes Gewissen haben – wegen Leistungsdenken, Ellbogenmentalität, Statussymbolen, Luxus usw.

Gegen berufliches Engagement und Freude am Leben wird Kirche nie etwas haben. Im Gegenteil: Begabungen, die Gott mir geschenkt hat, muß ich einsetzen. Schöne Tage, die Gott mir schenkt, muß ich begrüßen. Wir wollen kein Jammertal, sondern glückliche Menschen. Fies wird es aber, wenn ich mein Glück auf Kosten des anderen suche. Es ist doch widerlich, wenn eine beträchtliche gesellschaftliche Schicht Kinder meidet, um sich das Leben bequem zu machen, und sich dann im Alter von der Generation absichern läßt, für die sie selbst nichts beigetragen hat. Kurioserweise belohnt unser Rentensystem diese Egoisten und bestraft besonders Mütter, die wegen Erziehung ihrer Kinder gehindert waren, Pluspunkte bei ihren Kassen zu sammeln. Es ist auch tatsächlich nicht einzusehen, daß einige in den oberen Etagen Einkünfte haben, die das Zigfache des Normalverdieners betragen. Es gibt in Wirklichkeit keinen Menschen auf der Erde, der das Zigfache eines Durchschnittsmenschen leistet. Übrigens, die Leute, die aufgrund besonderer Begabungen Besonderes leisten, sind oft sehr einfache Menschen und tun manchmal viel Gutes für Arme.

„Geld regiert die Welt!" – „Haste was, dann biste was!" – „Mit Geld kann man alles kaufen!"
Geld ist das moderne Mittel, alle Sehnsüchte zu befriedigen. Klein fängt es an: ein neues Handy, eine neue Frisur, ein teures Restaurant, ein Wellness-Weekend, ein Mercedes. Aber dann: auf schneeweißen Yachten in mondänen Badeorten in der Sonne zu sitzen, mit Models und Filmstars Champagner zu trinken – Villen, Flugzeuge, Rennpferde, Luxusschlitten, Schönheitschirurgen ... Und dann kommt ein alter Mönch vorbei und verdirbt uns den Appetit! Muß das denn sein? Warum unterwirft sich die Kirche nicht dem Mammon?

Zweifellos ist der Einfluß des Geldes gewaltig. Die Sucht zu besitzen und Besitz zu mehren ist ein starker Trieb im Menschen. Aber es gibt eine alte Volksweisheit, die sagt: „Geld allein macht nicht glücklich." Oder: „Je mehr er hat, je mehr er will, nie schweigen seine Klagen still." Das kann man übrigens gerade jetzt nach der Wende bei uns im Osten erleben. Noch nie hatten wir solche Autos in Masse, solche Autobahnen, solche Reiseangebote, soviel Geld in der Hand und haben noch nie soviel gejammert wie jetzt. Selbst unsere früher so zufriedenen Pfarrgemeinden, die einen Bauboom in den Pfarreien des Bistums erlebt haben wie noch nie, sind sehr schnell ungehalten, wenn sie nicht sofort in das Bauprogramm aufgenommen werden, sobald sie es sich wünschen. Da werden Töne laut, über die man nur erschrecken kann.

Freilich möchte ich in Klammern hinzufügen, daß die meisten sehr dankbar sind, daß ihnen geholfen werden konnte. Aber auf jeden Fall steht eines fest: Der enorme Wohlstand insgesamt macht den Menschen nicht besser, auch nicht glücklicher. Der Konkurrenzkampf um Besitz macht manche Menschen auch sehr, sehr böse. Man gönnt dem Nächsten höchstens, was man auch selber hat.

Und wissen Sie, der alte Mönch, der da kommt, verdirbt eigentlich nicht den Appetit, sondern er macht Appetit auf Freiheit von dem ganzen Wust. Ich treffe immer wieder junge Frauen und Männer, die mitten in der Welt lebend ihren ganzen Besitz der Kirche geben. Die sind tausendmal glücklicher als die, die dauernd Angst haben müssen, bei einem Börsen-Crash alles zu verlieren oder mindestens bei absinkenden Kursen Verluste zu machen. Wir haben die Wahl zwischen Gefangenschaft im Mammon oder Freiheit in verschenkender Liebe.

Also am besten alles den Armen spenden!?

Papst Paul VI. hat einmal gesagt: „Was du nicht brauchst, das gehört dir nicht." Wenn das von allen Wohlhabenden gelebt würde, sähe die Welt anders aus. Wenn wir daran denken, daß jeden Tag Tausende an Hunger sterben, müßte uns unser Frühstücksbrötchen eigentlich im Halse stecken bleiben.

Als wir 1945 vertrieben wurden, habe ich an einem Tisch einem gleichaltrigen Jungen gegenübergesessen, der, vom Hunger völlig entkräftet, nicht mehr in der Lage war, etwas zu sich zu nehmen. Die Erwachsenen sagten, er wird die kommende Nacht nicht mehr überleben. Seit dem weiß ich, was Hungertod ist.

Aber wenn man dann etwas spendet, z. B. für Afrika, hat man oft den Eindruck, daß sich doch nichts ändert: Korruption, Chaos, Kriege – das ganze liebe Geld versickert in dunklen Kanälen.

Machen wir doch mal die Gegenrechnung auf: Wie sinnvoll werden denn die Milliarden hierzulande eingesetzt? Bei uns gibt es wohl keine Korruption?! Natürlich heiße ich Korruption in

Afrika nicht gut. Aber ich nenne Ihnen ein Beispiel: Soeben komme ich aus der Türkei zurück, in der ich mit „Caritas international" Projekte besichtigte, die für die Erdbebenopfer von 1999 realisiert worden sind. Ich habe gesehen, wie Hunderte von Menschen in erdbebensicheren Häusern jetzt untergebracht werden konnten, die zu den Allerärmsten der Türkei gehören. Familien, deren Väter beim Beben umgekommen sind; Behinderte, um die sich sonst niemand in dieser Gesellschaft dort gekümmert hätte; Arbeitsunfähige, die keine Chance gehabt hätten, jemals wieder eine Wohnung zu bekommen. Ich habe ein medizinisches Zentrum besucht, in dem die ganze Region dort ärztlich betreut werden kann. Es wurde außerdem eine Volkshochschule errichtet, die der jungen Generation im Erdbebengebiet neue Berufschancen einräumt. Vieles Gute wurde dort von der deutschen Caritas getan. Da ist kein Euro in dunklen Kanälen versickert. Außerdem wird so gleichzeitig mancher gute Kontakt zu den Muslimen geknüpft. Christen und Muslime helfen Hand in Hand bei tragischen Katastrophen den am meisten Betroffenen. Das ist eine Vision künftiger Zeiten. Dafür sollen die Deutschen ruhig weiterspenden, wie sie es bisher großzügig getan haben.

Kirchliche Stimmen fordern immer wieder, mitunter durchaus erfolgreich, einen Schuldenerlaß für Länder der Dritten Welt.

Wie jeder Einzelne, so braucht auch jedes Land die Chance, nach einem wirtschaftlichen Desaster wieder auf die Beine zu kommen. Vor allem müssen sich die führenden Kräfte in der Weltwirtschaft fragen, inwiefern das Weltwirtschaftssystem selbst schuld ist an manchen wirtschaftlichen Katastrophen. Allerdings muß exakt überprüft werden, wem man die Schulden erläßt. Wenn dadurch ein Land eher in die Lage käme, Kriegsziele mit neuen Waffen verfolgen zu können, dann wäre Schuldenerlaß verantwortungslos. In den meisten Fällen dürfte ein entsprechendes Handeln der Weltbanken aber eher Krieg und Terrorismus verhindern.

GELD ODER LEBEN!

Was im Großen gilt, gilt doch auch im Kleinen: Wer einem Bettler Geld gibt, muß damit rechnen, daß er es versäuft. Wer einem Bekannten bei einem „finanziellen Engpaß" aushilft, muß damit rechnen, sein Geld nie wiederzusehen ...

Solidarität hat natürlich immer eine riskante Seite. Wenn ich aber daran denke, wie der finanzielle Ausgleich des wiedervereinigten Deutschlands oder innerhalb Europas zu einem ganz neuen Miteinander geführt hat, dann lohnen sich schon die Risiken. Für mich war es zweifellos die einzige richtige politische Entscheidung, diese Unmasse an Fördermitteln in den deutschen Osten fließen zu lassen. Was wäre das für ein Deutschland mit einer reichen und einer armen Seite? Die sozialen Spannungen, die das hervorgebracht hätte, sind nicht vorstellbar. Und man muß wirklich alles tun, um die noch verbliebenen Spannungen zu lösen. Da wird die Geberseite nicht alles Geld wiedersehen können, aber sie hat Freunde gewonnen. Das ist ein unbezahlbarer Wert.

Wie ist das mit der deutschen Kirche, die gilt doch als reich? Warum verkauft sie nicht ihre Kunstschätze und historischen Liegenschaften, läßt sich in einfachen Gebäuden nieder und verwendet den Erlös für soziale Zwecke? Wäre das nicht authentischer, glaubwürdiger?

Ich finde es eine faszinierende Idee, den ganzen Ballast, den eine lange, kulturvolle Geschichte in die Kirche hineingespült hat, zu verkaufen um den Erlös den Armen zu geben. Ich wage es aber nicht, den Argumenten zu widersprechen, die mich daran erinnern, daß Kirche auch eine hohe Verantwortung gegenüber den Kulturgütern hat, die andere Generationen ihr anvertraut haben. Außerdem ist zu bedenken, daß der Mensch nicht vom Brot allein lebt. Das Wort ist bisweilen auch Kunst geworden. Die Sprache der Künstler hat oft eine aufrichtende, hoffnunggebende Kraft, die man den Menschen nicht wegnehmen darf. Aber mit Sicherheit könnte man an manchen Stellen sparsamer sein und so den Armen besser helfen. Papst Johannes

Paul VI. hat jedenfalls seine Tiara verkauft und den Erlös den Armen geschenkt.

„Mein Joch drückt nicht und meine Last ist leicht" (Mt 11,30)

Ist das Christentum nicht eine düstere Religion? Wir müssen Jesus am Kreuz ertragen oder auf dem Kreuzweg als geschundenen Mann. Heilige, wegen ihres Glaubens zu Tode gefoltert, zieren unsere Gotteshäuser. Ihr Personal muß gehorchen, der Pfarrer dem Bischof, der Bischof dem Papst, die Nonne der Mutter Oberin. Gesetze, Angst, Askese, Buße bis hin zu den Laien ...

Bei dieser Frage komme ich etwas in Rage. Ich habe mein ganzes Leben lang viel Düsteres erlebt: Die Vertreibung, die Bombenangriffe, die Angst vor den russischen Besatzern, die Borniertheit eines menschenverachtenden Machtsystems in der DDR und schließlich auch manche haarsträubende Verantwortungslosigkeit nach der Wende. Aber in allen diesen Phasen meines Lebens war ich glücklich und das hatte nur einen einzigen Grund: Dieser mein – unser – Glaube in dieser – unserer – Kirche. Da wurden die Probleme, die sich durch die Beschneidung der Freiheit des Menschen immer neu stellten, wirksam relativiert. Ich habe das Christentum in seinen grundlegenden Erscheinungen nicht als düster, einengend, verbietend, sondern als befreiend erlebt.

Wenn ich nun frage, wie kommt es, daß andere das Christentum als düster empfinden, dann hat das sicher viele Gründe. Sehr oft werden bereits in der Kindheit massive religionspädagogische Fehler begangen. Großeltern, Eltern und manchmal Erzieher arbeiten mit einem bedrohlichen Gott. Sie dramatisieren die Strafe, um Kinder zu zähmen. Sie verbauen dem Kind den Zugang zum Gottesbild Jesu Christi. Manche leben deswegen in ständiger Angst vor Gott und bekommen das ein Leben lang nicht mehr los. Wenn sie dann dazu noch einer theologisch

falsch orientierten Katechese begegnen, in der vielleicht behauptet wird, daß Gott Vater erst zufriedengestellt sein konnte, als er das Blut seines Sohnes am Kreuz fließen sah, dann prägt sich bei solchen Menschen ein derart sadistisches Gottesbild, daß man nicht mehr von Glauben, sondern nur noch von Unglauben sprechen kann.

Es ist ein großes Glück für uns, daß wir in einer Zeit leben, in der sowohl die offiziellen Lehrer der Kirche, besonders im Zweiten Vatikanischen Konzil, als auch der überwiegende Teil der Theologen und ebenso die wichtigsten Geistlichen Bewegungen ein Gottesbild vermitteln, das Gott-Liebe in die Mitte stellt. Liebe hat nichts Düsteres. Liebe kennt nicht einen Gott, der als Weltpolizist darauf aus ist, Strafzettel zu verteilen. Liebe ist immer nur beantwortbar mit Liebe. Da reicht Disziplin nicht mehr aus. Deshalb kann auch das Verhältnis von Pfarrer zu Bischof und Bischof zu Papst nicht in erster Linie bestimmt sein durch Gesetze, dieses Verhältnis bringt nur dann etwas, wenn es von einer ehrlichen Liebe und Zuneigung zueinander getragen ist. Ein Pfarrer kann getrost in den Ruhestand treten, wenn er nicht ein christlich ehrliches Verhältnis zum Bischof hat, denn in innerer Spaltung kommt nichts Gutes mehr auf den Weg. Ist das Verhältnis aber in Ordnung und bestimmt von dem Geist, den uns Christus schenkt, dann kann es noch so schwierige Situationen in der Gemeinde geben, irgendwann werden die Früchte kommen. Genauso kann ein Bischof getrost den Ruhestand beantragen, wenn ihn nicht eine herzliche, brüderliche Zuneigung zum Papst bewegt, denn wer eine Ortskirche in innerer Trennung vom Nachfolger Petri führen will, gleicht Sisyphus.

Also halten wir fest: Das Christentum steht und fällt mit dem Leben aus der Wirklichkeit des Gottes, der Liebe ist. Da wird alles völlig anders, da erhält Kirche die Strahlkraft, die sie braucht, um einen Menschen in unseren Tagen überhaupt anzusprechen. Im Grunde genommen war es immer so: Der Mensch ist wesentlich nur auf Liebe resonant. Alles andere läuft an ihm herunter, als ginge es ihn nichts an. Deswegen brauchen wir eigentlich nicht große Reformprogramme, um die Kirche anzie-

hender zu machen. Ich bin sehr skeptisch geworden gegenüber den vielen Sitzungen, die den großen Durchbruch zu einer besseren Kirche bringen sollen. Wenn die vielen, sehr engagierten Christen in der gleichen Zeit, in der sie viele kostbare Tage verlieren für ihre Beratungen, auf die Menschen ihrer Umgebung zugehen würden, um ihnen deutlich Liebe zu erweisen, hätten Sie mit Sicherheit weit mehr erreicht. Wo Liebe und Güte ist, da ist Gott. Wo anders ist er nicht. Unsere Beratungen hätten deswegen immer nur zu fragen: Wie können wir besser lieben?

Die Liebe ... Dieses Wort hat seinen Zauber nicht verloren. Unmengen von Büchern, Heftchen, Filmen, Werbespots und Popsongs trällern von der Liebe. Sie scheint Geheimnisse zu bergen, ganz furchtbar aufregend zu sein und das große, große Glück zu versprechen: eine Erfüllung aller Wünsche, eine Droge aller guten Gefühle – den Himmel auf Erden! Meinten Sie das?

Leider wird das Wort Liebe sehr oft in Richtung Erotik verdünnt. Wenn die Brautleute bei ihrer Hochzeit den Gästen eine billige Limonade statt eines edlen Weines kredenzen, dann ist das Fest zu Ende. Wenn Filme und Gazetten von irgendeiner Liebelei handeln, dann hat das mit dem Fest der Liebe Gottes nichts zu tun. Die Liebe, von der der Evangelist Johannes spricht, ist nicht Sentimentalität, Glücksdroge, Konsumartikel, sondern Befreiung von sich selbst, Lebenshingabe an Gott und für die Menschen, mit der Konsequenz der Worte Jesu: „Eine größere Liebe hat niemand, als wer sein Leben hingibt für seine Freunde" (Joh 15,13). Das ist kein Schonplatz. Hier ist uneingeschränktes Engagement gefordert, aber gerade so kommt Licht ins Leben.

Ich möchte noch einmal an die Frage von vorhin anknüpfen, Stichwort „Düsternis". In der Tat erscheint der Vorwurf, das Christentum sei eine düstere Religion, vor dem Hintergrund von Zwangsherrschaft, Diktatur, Elend und Krieg im 20. Jahrhundert geschichtsvergessen und primitiv: Man summiert Bilder und Vorstellungen der unterschiedlichsten kirchengeschichtlichen Schrecknisse und stellt dann Zölibat, Sexualmoral und Papsttum

falsch orientierten Katechese begegnen, in der vielleicht behauptet wird, daß Gott Vater erst zufriedengestellt sein konnte, als er das Blut seines Sohnes am Kreuz fließen sah, dann prägt sich bei solchen Menschen ein derart sadistisches Gottesbild, daß man nicht mehr von Glauben, sondern nur noch von Unglauben sprechen kann.

Es ist ein großes Glück für uns, daß wir in einer Zeit leben, in der sowohl die offiziellen Lehrer der Kirche, besonders im Zweiten Vatikanischen Konzil, als auch der überwiegende Teil der Theologen und ebenso die wichtigsten Geistlichen Bewegungen ein Gottesbild vermitteln, das Gott-Liebe in die Mitte stellt. Liebe hat nichts Düsteres. Liebe kennt nicht einen Gott, der als Weltpolizist darauf aus ist, Strafzettel zu verteilen. Liebe ist immer nur beantwortbar mit Liebe. Da reicht Disziplin nicht mehr aus. Deshalb kann auch das Verhältnis von Pfarrer zu Bischof und Bischof zu Papst nicht in erster Linie bestimmt sein durch Gesetze, dieses Verhältnis bringt nur dann etwas, wenn es von einer ehrlichen Liebe und Zuneigung zueinander getragen ist. Ein Pfarrer kann getrost in den Ruhestand treten, wenn er nicht ein christlich ehrliches Verhältnis zum Bischof hat, denn in innerer Spaltung kommt nichts Gutes mehr auf den Weg. Ist das Verhältnis aber in Ordnung und bestimmt von dem Geist, den uns Christus schenkt, dann kann es noch so schwierige Situationen in der Gemeinde geben, irgendwann werden die Früchte kommen. Genauso kann ein Bischof getrost den Ruhestand beantragen, wenn ihn nicht eine herzliche, brüderliche Zuneigung zum Papst bewegt, denn wer eine Ortskirche in innerer Trennung vom Nachfolger Petri führen will, gleicht Sisyphus.

Also halten wir fest: Das Christentum steht und fällt mit dem Leben aus der Wirklichkeit des Gottes, der Liebe ist. Da wird alles völlig anders, da erhält Kirche die Strahlkraft, die sie braucht, um einen Menschen in unseren Tagen überhaupt anzusprechen. Im Grunde genommen war es immer so: Der Mensch ist wesentlich nur auf Liebe resonant. Alles andere läuft an ihm herunter, als ginge es ihn nichts an. Deswegen brauchen wir eigentlich nicht große Reformprogramme, um die Kirche anzie-

hender zu machen. Ich bin sehr skeptisch geworden gegenüber den vielen Sitzungen, die den großen Durchbruch zu einer besseren Kirche bringen sollen. Wenn die vielen, sehr engagierten Christen in der gleichen Zeit, in der sie viele kostbare Tage verlieren für ihre Beratungen, auf die Menschen ihrer Umgebung zugehen würden, um ihnen deutlich Liebe zu erweisen, hätten Sie mit Sicherheit weit mehr erreicht. Wo Liebe und Güte ist, da ist Gott. Wo anders ist er nicht. Unsere Beratungen hätten deswegen immer nur zu fragen: Wie können wir besser lieben?

Die Liebe ... Dieses Wort hat seinen Zauber nicht verloren. Unmengen von Büchern, Heftchen, Filmen, Werbespots und Popsongs trällern von der Liebe. Sie scheint Geheimnisse zu bergen, ganz furchtbar aufregend zu sein und das große, große Glück zu versprechen: eine Erfüllung aller Wünsche, eine Droge aller guten Gefühle – den Himmel auf Erden! Meinten Sie das?

Leider wird das Wort Liebe sehr oft in Richtung Erotik verdünnt. Wenn die Brautleute bei ihrer Hochzeit den Gästen eine billige Limonade statt eines edlen Weines kredenzen, dann ist das Fest zu Ende. Wenn Filme und Gazetten von irgendeiner Liebelei handeln, dann hat das mit dem Fest der Liebe Gottes nichts zu tun. Die Liebe, von der der Evangelist Johannes spricht, ist nicht Sentimentalität, Glücksdroge, Konsumartikel, sondern Befreiung von sich selbst, Lebenshingabe an Gott und für die Menschen, mit der Konsequenz der Worte Jesu: „Eine größere Liebe hat niemand, als wer sein Leben hingibt für seine Freunde" (Joh 15,13). Das ist kein Schonplatz. Hier ist uneingeschränktes Engagement gefordert, aber gerade so kommt Licht ins Leben.

Ich möchte noch einmal an die Frage von vorhin anknüpfen, Stichwort „Düsternis". In der Tat erscheint der Vorwurf, das Christentum sei eine düstere Religion, vor dem Hintergrund von Zwangsherrschaft, Diktatur, Elend und Krieg im 20. Jahrhundert geschichtsvergessen und primitiv: Man summiert Bilder und Vorstellungen der unterschiedlichsten kirchengeschichtlichen Schrecknisse und stellt dann Zölibat, Sexualmoral und Papsttum

falsch orientierten Katechese begegnen, in der vielleicht behauptet wird, daß Gott Vater erst zufriedengestellt sein konnte, als er das Blut seines Sohnes am Kreuz fließen sah, dann prägt sich bei solchen Menschen ein derart sadistisches Gottesbild, daß man nicht mehr von Glauben, sondern nur noch von Unglauben sprechen kann.

Es ist ein großes Glück für uns, daß wir in einer Zeit leben, in der sowohl die offiziellen Lehrer der Kirche, besonders im Zweiten Vatikanischen Konzil, als auch der überwiegende Teil der Theologen und ebenso die wichtigsten Geistlichen Bewegungen ein Gottesbild vermitteln, das Gott-Liebe in die Mitte stellt. Liebe hat nichts Düsteres. Liebe kennt nicht einen Gott, der als Weltpolizist darauf aus ist, Strafzettel zu verteilen. Liebe ist immer nur beantwortbar mit Liebe. Da reicht Disziplin nicht mehr aus. Deshalb kann auch das Verhältnis von Pfarrer zu Bischof und Bischof zu Papst nicht in erster Linie bestimmt sein durch Gesetze, dieses Verhältnis bringt nur dann etwas, wenn es von einer ehrlichen Liebe und Zuneigung zueinander getragen ist. Ein Pfarrer kann getrost in den Ruhestand treten, wenn er nicht ein christlich ehrliches Verhältnis zum Bischof hat, denn in innerer Spaltung kommt nichts Gutes mehr auf den Weg. Ist das Verhältnis aber in Ordnung und bestimmt von dem Geist, den uns Christus schenkt, dann kann es noch so schwierige Situationen in der Gemeinde geben, irgendwann werden die Früchte kommen. Genauso kann ein Bischof getrost den Ruhestand beantragen, wenn ihn nicht eine herzliche, brüderliche Zuneigung zum Papst bewegt, denn wer eine Ortskirche in innerer Trennung vom Nachfolger Petri führen will, gleicht Sisyphus.

Also halten wir fest: Das Christentum steht und fällt mit dem Leben aus der Wirklichkeit des Gottes, der Liebe ist. Da wird alles völlig anders, da erhält Kirche die Strahlkraft, die sie braucht, um einen Menschen in unseren Tagen überhaupt anzusprechen. Im Grunde genommen war es immer so: Der Mensch ist wesentlich nur auf Liebe resonant. Alles andere läuft an ihm herunter, als ginge es ihn nichts an. Deswegen brauchen wir eigentlich nicht große Reformprogramme, um die Kirche anzie-

hender zu machen. Ich bin sehr skeptisch geworden gegenüber den vielen Sitzungen, die den großen Durchbruch zu einer besseren Kirche bringen sollen. Wenn die vielen, sehr engagierten Christen in der gleichen Zeit, in der sie viele kostbare Tage verlieren für ihre Beratungen, auf die Menschen ihrer Umgebung zugehen würden, um ihnen deutlich Liebe zu erweisen, hätten Sie mit Sicherheit weit mehr erreicht. Wo Liebe und Güte ist, da ist Gott. Wo anders ist er nicht. Unsere Beratungen hätten deswegen immer nur zu fragen: Wie können wir besser lieben?

Die Liebe ... Dieses Wort hat seinen Zauber nicht verloren. Unmengen von Büchern, Heftchen, Filmen, Werbespots und Popsongs trällern von der Liebe. Sie scheint Geheimnisse zu bergen, ganz furchtbar aufregend zu sein und das große, große Glück zu versprechen: eine Erfüllung aller Wünsche, eine Droge aller guten Gefühle – den Himmel auf Erden! Meinten Sie das?

Leider wird das Wort Liebe sehr oft in Richtung Erotik verdünnt. Wenn die Brautleute bei ihrer Hochzeit den Gästen eine billige Limonade statt eines edlen Weines kredenzen, dann ist das Fest zu Ende. Wenn Filme und Gazetten von irgendeiner Liebelei handeln, dann hat das mit dem Fest der Liebe Gottes nichts zu tun. Die Liebe, von der der Evangelist Johannes spricht, ist nicht Sentimentalität, Glücksdroge, Konsumartikel, sondern Befreiung von sich selbst, Lebenshingabe an Gott und für die Menschen, mit der Konsequenz der Worte Jesu: „Eine größere Liebe hat niemand, als wer sein Leben hingibt für seine Freunde" (Joh 15,13). Das ist kein Schonplatz. Hier ist uneingeschränktes Engagement gefordert, aber gerade so kommt Licht ins Leben.

Ich möchte noch einmal an die Frage von vorhin anknüpfen, Stichwort „Düsternis". In der Tat erscheint der Vorwurf, das Christentum sei eine düstere Religion, vor dem Hintergrund von Zwangsherrschaft, Diktatur, Elend und Krieg im 20. Jahrhundert geschichtsvergessen und primitiv: Man summiert Bilder und Vorstellungen der unterschiedlichsten kirchengeschichtlichen Schrecknisse und stellt dann Zölibat, Sexualmoral und Papsttum

als letzte Ausläufer all dessen hin. Aber eines scheint der moderne Geist nicht ganz falsch zu verspüren, und auch Sie wollen es gewiß nicht bestreiten: Ernst. Schon der heutige Sprachgebrauch verrät, wie wir davor zurückschrecken:

> *Da geht einer allen* Ernstes *ins Kloster – man kann doch nicht sein ganzes Leben ... !*
> *Die läßt sich nicht scheiden, bei dem Mann? Weil sie es* ernst *meint mit einem lebenslangen Versprechen – Hilfe!*
> *Da will mir einer allen* Ernstes *weismachen, das dürfe ich nicht tun ... – ich bin doch nicht mehr im Kindergarten!*
> *Das glaubst du allen* Ernstes? *– aber wenn das wahr wäre, dann müßten ja alle ...*
> *Da meint es einer* ernst *mit mir – was kommt da auf mich zu?*
> *Der meint es ja wirklich* ernst *– so war das doch nicht gemeint ...!*

Leben in absoluter Unverbindlichkeit ist des Menschen unwürdig. Wer seine Jahre so dahinplätschern läßt, als ginge es gar nicht auf Leben und Tod, wird eines Tages mit Schrecken entdecken, daß es auch in seinem Leben den *Ernstfall* gibt. Um den kommt keiner herum.
Der Ernst des Lebens ist aber eigentlich für den Menschen nichts Bedrohliches. Viel bedrohlicher ist der Leerlauf. Wenn der Mensch für nichts verantwortlich ist, kommt er sich überflüssig vor. Wenn der Mensch keine klaren Ziele vor Augen hat, bedrückt ihn der Leerlauf. Wenn jemand in seinen Kräften und Fähigkeiten nicht angefordert ist, erschlafft er, wie ein Sportler, der nicht mehr für den Sieg trainiert. Also der Ernst des Lebens ist eigentlich ein Glücksfall für uns. Deswegen legt nämlich das Evangelium die Latte immer so hoch. Ein Christ kommt nie an den Punkt, sagen zu können, jetzt habe ich alles geschafft. Wer das nämlich sagt, der gibt sich auf. Unsere Gipfel sind immer noch höher als der Platz, den wir schon erreicht haben. Das könnte bisweilen entmutigen, aber schließlich glaubt ein Christ fest daran, daß Gott keinen sitzenläßt, der bereit ist weiterzugehen. Selig, die den Ernst des Lebens ernst nehmen, aus denen macht Gott etwas.

WARUM PASST SICH DIE KIRCHE NICHT AN?

Wir leben heute in einer Spaßgesellschaft. Ernst ist das Gegenteil dessen, was wir uns wünschen – es sei denn, wir profitieren davon. Sie wollen uns fröhlichen Kindern doch nicht sagen wollen, daß der Spaß Grenzen hat?! Daß der Spaß irgendwann aufhört?! Sie wollen uns doch nicht etwa vom Tod erzählen?! Den gibt's doch nur im Fernsehen! Und sterben tun doch die anderen! Oder die Bösen! Die Wissenschaft arbeitet daran, den Tod zu besiegen; und vorher gibt's Anti-Aging, Wellness, Fitness, Beauty-Farmen und Schönheitschirurgen ... Und wenn schon, dann werden wir wiedergeboren! Im Fernsehen kommt doch auch immer wieder ein neuer Film! Oder ein Teil II ... Man darf auf keinen Fall an den Tod denken, ein gräßlicher Gedanke!

Wenn wir die Vokabel Spaß zunächst einmal durch das Wort Freude ersetzen, müssen wir eingestehen, daß es hier um ein Urbedürfnis des Menschen geht. Offensichtlich hat Gott den Menschen so geschaffen, daß er Freude am Leben, an der Schönheit dieser Welt und an den erfreulichen Ereignissen haben kann. Es wäre also unchristlich, dem heutigen Menschen die Fröhlichkeit nicht zu gönnen.
Das deutsche Wort „Spaß" aber zeigt uns, daß es vielen vielleicht gar nicht um erfüllende Freude, sondern um etwas ganz Seichtes geht: ständige Abwechslung, billige Unterhaltung, Befriedigung der Süchte, Konsumieren möglichst vieler Angebote. Wer dieses unruhige Befriedigen der Bedürfnisse beobachtet, merkt sehr schnell, daß das alles gar nicht lange Spaß macht. Der Mensch ist eben nicht bloß für die kleinen Späße gemacht. Er ist geschaffen, um in einem Spannungsbogen über sich selbst hinaus, weit über den engen Horizont hinaus, zu denken und sich zu sehnen: Das geht eben auch über den Tod hinaus. Wenn deswegen gewisse geistige Billiganbieter den Tod umgehen oder ausklammern wollen, gehen sie nicht nur an der unabdingbaren Realität vorbei, sondern sie rauben dem Menschen die Spannung, die er unbedingt auch für die Bewältigung des Lebens braucht.
Von Caritasmitarbeitern in Leipzig erfuhr ich, daß sie mit einer Jugendgruppe typischer Prägung der Spaßgesellschaft nichts an-

fangen konnten. Sie saßen in den Räumen der Caritas anspruchslos herum, gelangweilt, kontaktarm, müde. Eines Tages änderte sich das schlagartig. Einer von der Gruppe war auf schreckliche Weise mit einem geliehenen Motorrad tödlich verunglückt. Jetzt hatten die Jugendlichen ein Problem. Sie sprachen über den Toten. Sie brachten gemeinsam Blumen an den Unfallort. Die Frage, was ist mit dem jetzt, beschäftigte den einen oder anderen. Der Tod hatte sie verändert. Zum Besseren.

Die Kirche sollte doch für die schönen Dinge des Lebens da sein: Wenn man geboren wird, wird man getauft. Das ist doch wirklich ein nettes Familienfest. Dann kommt das mit dem schönen weißen Kleid und der Kerze, die Erstkommunion. Später werden die Kinder gefirmt, immer gibt es Geschenke. Und dann: Heiraten in Weiß zum Glockenklang, Romantik pur! Und wenn man schon sterben muß, dann soll der Pfarrer wenigstens eine schöne Beerdigung machen und uns alle trösten ... Oder?

Kirche als Dienstleitungsunternehmen ist so ungefähr das Schrecklichste, wozu man beispielsweise die Priester degradieren kann. Wenn es den Menschen nicht mehr um Gott geht, sondern um den feierlichen Rahmen für die eigenen menschlichen Vorhaben, dann werden aus Gläubigen Verbraucher und aus Priestern Anbieter. Da ist der heilige Zorn Jesu herausgefordert, der die Händler aus dem Tempel von Jerusalem trieb. An dieser Stelle darf es keine faulen Kompromisse geben. Gottes Geschenke an den Menschen sind nicht Zierde bei Festivitäten, sondern zielen auf radikale Umkehr, bedingungslosen Neuanfang. Ohne Offenheit dafür darf Kirche nicht zu Diensten stehen, sonst würde sie Gott selbst zur Ware degradieren. Denn bei Taufe, Erstkommunion, Firmung und Eheschließung – also bei jedem Sakrament überhaupt, geht es um IHN.

Die Kirche ist also nicht bereit, einen schönen besinnlichen Rahmen für unsere Feste zu liefern, uns zu helfen, wenn wir es möchten, und uns ansonsten in Ruhe zu lassen?

WARUM PASST SICH DIE KIRCHE NICHT AN?

Das Volk in Ruhe lassen wäre gleichbedeutend mit der Mißachtung des Sendungsauftrages Jesu Christi an die Kirche. „Ruft es von den Dächern!" – Also keine leisen Töne: „Tritt auf, ob es den Leuten paßt oder nicht!" Das sind die Impulse des Herrn, die wir mit auf den Weg bekommen haben. Wer da mitgeht, der darf mit der Kirche auch seine Feste feiern. Der hat dann auch Grund dazu. Ohne Annahme der anfeuernden Botschaft wäre das Fest ja nur eine Lüge. Deswegen ist ja in der Kirche das Fest, das alle miteinander verbindet, die Feier der Lebenshingabe Jesu Christi, die gleichzeitig das Fest des bleibenden, unvergänglichen Lebens ist. Millionen feiern das Sonntag für Sonntag.

Warum mischt sich die Kirche mit Appellen und Mahnungen in eine Gesellschaft ein, die mehrheitlich gar nicht katholisch ist? So wie in Ihrem Bistum, das zur sogenannten Diaspora gehört.

Wir haben einen Weltauftrag. Am Intensivsten wird er von den Christen wahrgenommen, die gewissermaßen als Fachleute in Politik und Wirtschaft, Kultur und Sozialbereich an vorderster Front stehen. Die Vertreter der Kirche, die innerhalb dieser Gemeinschaft einen besonderen Auftrag haben, machen nicht selbst die Politik oder die Wirtschaft, die Kultur oder den Sozialbereich, sondern erinnern die Handelnden an die Grundlinien christlicher Ethik und Moral. Deswegen finden sie in der Kirche nicht einen Appell für oder gegen eine bestimmte Partei, sondern einen Appell an die Verantwortung der Wähler oder der Gewählten. Wenn es um die Wahrhaftigkeit geht, ist die Mehrheitsfrage überhaupt nicht entscheidend. Wenn 90 Prozent der Bevölkerung der Lüge zustimmen würden, wäre ich dennoch der Wahrheit verpflichtet. Wenn es jedoch um Entscheidungen geht, die man als Christ so oder eben anders treffen könnte, dann sollten die Bischöfe schweigen.

Muß sich die Kirche Ihrer Ansicht nach mehr in die Politik einmischen? Zum Beispiel in die PDS-Politik im Osten Deutschlands? Muß diese Partei integriert oder als Schande ausgegrenzt werden?

Gegen die PDS muß ich antreten, wenn sie das unbeschreibliche Unrecht, das unter den kommunistischen Regimen begangen worden ist, zu rechtfertigen versucht. Da gibt es allerdings in dieser Partei sehr unterschiedliche Leute. Man kann sehr schlecht sagen, ob der geschmeidige Kurs mancher PDS-Politiker nur eine Taktik ist, wie wir das noch aus den alten Zeiten kennen, oder ob es dort wirklich „Bekehrungen" gegeben hat. Die jahrzehntelangen schlimmen Erfahrungen machen mich da sehr unsicher. Gäbe es die DDR noch, müßte man vor einigen von ihnen große Angst haben. Wie man mit dieser politischen Richtung umzugehen hat, muß nicht die Kirche, sondern die Politik entscheiden. Auf jeden Fall hat jede Partei das für alle verbindliche Grundgesetz bis in kleinste Details zu respektieren.

Ist eigentlich das Grundgesetz, die Bibel oder das Dogma die Grundlage kirchlichen Sprechens? Manchmal weiß man das nicht so genau ...

Kirche hat nicht zu erfinden, was sie den Menschen sagt, sondern es ist ihr vorgegeben. Gott hat gesprochen. Sein Wort wurde zunächst mündlich weitergegeben, erst nachträglich niedergeschrieben. Die Hauptquelle der Wahrheit, auf die wir uns stützen, ist das geschriebene Wort Gottes, aber auch die darüber hinaus tradierten Glaubenswirklichkeiten. Manches kann man deswegen sehr genau wissen. Trotzdem bleibt uns nichts anderes übrig, als ständig weiterzufragen und weiterzusuchen. Mit der Wahrheit Gottes bin ich nie am Ende, besonders nicht mit der Wahrheit über Gott selbst. Ein Gott, über den ich einfach Bescheid weiß, ist mit Sicherheit nicht der Gott, den es gibt. Es ist wunderbar zu wissen, daß dieser Gott nicht ein Alleinstehender ist, sondern Drei so sehr in Beziehung, daß wir nur an einen einzigen Gott glauben können. Aber wir können, trotz der wunderbaren Aussagen Jesu über seine Beziehung zum Vater und dem Heiligen Geist, nicht einfach über diese Geheimnisse Bescheid wissen. Uns ist da vielmehr besonders wichtig, zu begreifen, daß wir Menschen nach diesem Modell göttlicher Beziehungen als Gemeinschaftswesen geschaffen worden sind. Deswegen ist das Singledasein eine Fehlentwicklung, die das Menschsein bedrohen kann. Der Mensch muß weg von sich selbst zum anderen hin. Wer nicht in dieser göttlichen Weise zu lieben auf den anderen hin ausgerichtet ist, verkommt in sich selbst. Da wird das Leben zur Hölle. Deshalb ist das Urdogma bei Johannes festgeschrieben mit den klaren und wunderbaren Worten: „Gott ist die Liebe. Wer in der Liebe bleibt, bleibt in Gott, und Gott bleibt in ihm" (1 Joh 4,16).

Die Liebe ist eine Sache des Herzens. Theologen scheinen mir die Herzen der Menschen selten zu erreichen.

Jede Zeit hat große aber auch schwache Theologen. Ich habe den Eindruck, daß die Menschen unserer Epoche in Glaubensfragen nicht so sehr von Argumenten beeindruckt werden können, als vielmehr von Lebenserfahrungen im Glauben. Beim Tod von Mutter Teresa waren zigmillionen Menschen auf der Welt tief bewegt. Diese Frau hat die Herzen der Menschen nicht durch Argumente, sondern durch überzeugende Nächstenliebe erreicht. Wenn man hört, wie Chiara Lubich, die Gründerin der Fokolarbewegung, bei Millionen Menschen verschiedenster Konfessionen, Religionen und Überzeugungen Gehör findet, dann ist das wieder nicht auf Argumente zurückzuführen, sondern auf glaubwürdige Erfahrungen, die sie weiterzugeben weiß. Taizé ist auch nicht ein Ort der Diskussionen, sondern der Glaubenserfahrung. Es ist überhaupt typisch für die Geschichte der Kirche, daß die Theologen eher für einen ausgewählten Kreis impulsgebend gewesen sind. Die Heiligen haben die Massen bewegt. Für die Prediger und Katecheten, überhaupt für die besonders Verantwortlichen ist eine saubere Theologie sehr wichtig. Die Vitalität der Kirche kommt aber auf keinen Fall allein vom Intellekt.

Wacht auf!

Nach einer Emnid-Umfrage haben viele Deutsche keine genaue Vorstellung mehr von den Zehn Geboten. Haben die Gebote heutzutage nur noch für eine christliche Minderheit eine Bedeutung?

Tag für Tag zieht es Tausende von Menschen zum Berg Sinai, an dem Mose die Zehn Gebote von Gott empfangen hat. Ich habe dort selbst erlebt, wie tief beeindruckt die Menschen von diesem heiligen Ort sind. Auch wenn man bei uns die Zehn Gebote nicht mehr aufsagen kann, bleiben sie doch für die Bevölkerung das Grundgerüst ihrer Verhaltensweise. Es gilt doch weiterhin als verächtlich, wenn einer seine Eltern geringschätzt. Das Töten eines Menschen ist doch in der Sicht aller ein Verbrechen. Diebstahl wird ebenfalls von der Allgemeinheit als Unrecht erkannt, und wenn in Fragen der Lüge und des Ehebruchs deutliche Aufweichungen zu erkennen sind, bleibt doch als Grundempfinden ein deutliches Unwohlsein. Man weiß zwar nicht mehr, daß die Vokabel Sex vom sechsten Gebot kommt, aber das Überschreiten dieses Gebotes gilt im Volk mindestens als nicht in Ordnung.
Am ehesten sind die drei ersten auf Gott bezogenen Gebote aus dem Blickfeld verschwunden, weil viele meinen, Gott nicht zu brauchen. Aber das ändert sich oft in Notsituationen. Bei Katastrophenfällen werden plötzlich die Seelsorger gebraucht und der Hilferuf zu Gott ist wieder zu hören. Deshalb muß man sagen: Die Zehn Gebote haben immer noch mehr Gültigkeit, als die Menschen wahrnehmen. Man kennt die Formulierung nicht, aber man anerkennt den Inhalt. Eigentlich geht es um das uralte Problem des Menschen: Er ist versucht, die Schärfe, die Absolutheit der Zehn Gebote seinen Bedürfnissen anzupassen. In unserer Jugend haben wir beim kirchlichen Abendgebet immer gehört: „... der Teufel geht umher wie ein brüllender Löwe und sucht, wen er verschlingen kann." Der Mensch von heute muß wieder die Wachsamkeit gegenüber dem Versucher lernen, damit

er nicht gefressen wird. „Wachet auf, ruft uns die Stimme", dieser Ruf gilt uns, damit wir geprägt vom Hauptgebot der Gottes- und Nächstenliebe Christus entgegengehen können.

Lassen Sie mich einmal auf die aktuellen Ergebnisse der Demoskopie zu sprechen kommen. Danach hält die überwältigende Mehrheit der Deutschen Lügen für erlaubt – aus Selbstschutz, um im Beruf Karriere zu machen oder auch um in Liebesdingen erfolgreich zu sein. Hat die Wahrheit in unserer heutigen Gesellschaft keine Chance mehr?

Die Wahrheit hat es zu allen Zeiten schwer. Es kann weh tun, die Wahrheit zu hören. Deshalb ist die Versuchung groß, nur die halbe Wahrheit zu sagen oder gar die Unwahrheit. Das rächt sich. Schon der Volksmund sagt: „Wer einmal lügt, dem glaubt man nicht, wenn er auch die Wahrheit spricht." Es wird oft angenommen, daß der andere die Wahrheit nicht ertragen kann. Dabei wird vergessen, daß der andere ein Recht auf Wahrheit hat. Manchmal hat auch der, der die Wahrheit sagen soll, Angst, daß er es sich mit den anderen verdirbt. Die Zeitung biegt die Dinge so hin, daß es für den Leser spannend wird. Der Politiker dreht die Worte so, daß er seine Wähler nicht verliert. Auch mancher Prediger schont die Hörer vor der Schärfe des Evangeliums. Heute wird viel gelogen.

Nach der genannten Umfrage glauben 93,1 Prozent der Deutschen, daß es vor allem die Politiker mit der Wahrheit nicht so genau nehmen. Welche Erklärung haben Sie für dieses gewaltige Mißtrauen?

Um die Gunst der Wähler zu gewinnen, werden Versprechungen gemacht, die sich nicht erfüllen lassen. Die Wähler sind selbstverständlich enttäuscht, fühlen sich hintergangen. Wenn das am laufenden Band geschieht, ist das Vertrauen in Politiker dahin.

Wie halten Sie es eigentlich als Bischof mit der Wahrheit?

Was ist Wahrheit? Diese Frage stellte schon Pilatus an Christus. Zunächst einmal soll das, was ich sage, mit dem übereinstimmen, was ich denke. Darüber hinaus soll das, was ich sage und denke mit dem übereinstimmen, was wirklich ist. Das dürfen die Menschen von einem Bischof erwarten. Aber es geht noch tiefer.

Wenn wir sagen und glauben, daß Jesus in unserer Mitte ist, dann ist die Wahrheit gegenwärtig, denn er sagt von sich: „Ich bin die Wahrheit und das Leben." Mit Jesus wirklich gehen wollen heißt, mit der Wahrheit gehen wollen. Jesus in der Welt sichtbar machen heißt, die Wahrheit sagen.

Die Frage, wie man es mit der Wahrheit hält, hat viele Facetten. Ich muß auch überlegen, wie und wem ich die Wahrheit zu sagen habe. Für den Seelsorger gibt es z. B. auch die Frage nach der Wahrheit am Krankenbett. Darf ich einer jungen Mutter sofort sagen, daß sie kurz vor dem Tod steht? Wahrheit ohne Liebe kann grausam sein.

Ich muß aber auch fragen, warum will der andere die Wahrheit von mir wissen? Was tut er mit der Wahrheit? Das war ein sehr aktuelles Problem unter den Diktaturen. Muß ich sagen, was ich von der politischen Einstellung des anderen weiß, wenn diesem durch Bekanntwerden der Wahrheit Unrecht geschieht? Es gibt Situationen, in denen ich schweigen muß. Ansonsten habe ich mir gern meinen Vorgänger Bischof Gerhard Schaffran zum Vorbild genommen. Er hat in seinen Tagebuchnotizen gezeigt, daß er in schwierigen Situationen in russischer Kriegsgefangenschaft kompromißlos zur Wahrheit gestanden hat. Ein Christ mit Haltung!

Das dritte Gebot ist die Heiligung des Feiertags. Aber: Immer weniger Deutsche verbringen den Sonntag im christlichen Sinne: Es wird gearbeitet, weil die Maschinen aus wirtschaftlichen Gründen rund um die Uhr im Einsatz sein müssen. Statt in die Kirche geht es zum Marktsonntag oder zur Sonntagsöffnung ins Möbelhaus.

Ja, den schönsten Tag der Woche wollen einige nimmersatte Krämer zum Tag an den Kaufhauswühltischen degradieren. Dagegen müssen die deutschen Christen kämpfen. Diese Idee muß für immer aus den Köpfen weg. Der Mensch ist nicht für den Profit da, sondern er muß profitieren von einem ausgewogenen Verhältnis zwischen Erwerbstätigkeit und Ruhe. Daß manche mit dem Sonntag nichts anzufangen wissen, ist ja nicht nur ein religiöses Problem. Wer psychisch so runtergekommen ist, daß er vor der Ruhe Angst hat, kann auf keinen Fall erwarten, daß die gesamte Gesellschaft seinen Unruhebedürfnissen angepaßt wird. Allerdings ist Sonntag aber auch wesentlich mehr als nur ein Ausschlaftag. An diesem Tag kommt die Zielorientierung unseres Christseins zum Ausdruck: Wir werden in den Händen Christi zum Geschenk an den Vater, der uns wiederum reich beschenkt, mit sich selbst. Das macht aus jedem Sonntag ein Fest, ohne dieses Feiern wird die ganze Woche grau in grau.

Wir leben im Zeitalter der Globalisierung. Internationale Wettbewerbsfähigkeit ist gefragt. In Asien wird Tag und Nacht geschuftet, in Amerika gibt's vier Tage Urlaub im Jahr. Als ob es in Europa nicht schon genug Hemmungen wirtschaftlicher Reibungslosigkeit – Gesetze, Gesülze und Gewerkschaften – gäbe, kommt nun auch noch die katholische Kirche: mit Nichtstun an Sonn- und Feiertagen, ethischer Bedenkenträgerei und Kapitalismuskritik. Wo soll das denn hinführen?! Wir verlieren doch den Anschluß!

Sicher sind die Fragen der internationalen Wettbewerbsfähigkeit in einem Zeitalter der Globalisierung von besonderer Wichtigkeit, und wir dürfen da auch nicht den Anschluß verlieren. Aber das sind nicht die einzigen Fragen. Immer geht es auch um die Verträglichkeit der Lösungen für den Menschen. Das Christentum verkündet die Menschenfreundlichkeit Gottes, dann sollen wir darauf achten, daß es in allen Bereichen auch menschenfreundlich zugeht. Ohne den Rhythmus von Arbeit und Ruhe verkommt der Mensch. Er wird unproduktiv. So verliert er seine schöpferischen Kräfte. Dadurch verliert ein Land seine Wettbewerbsfähigkeit. Der Mensch ist kein Roboter. Der Mensch braucht das Fest – jede Woche.

Warum soll gerade Europa ein wirtschaftlich und sozial anderes Modell anbieten als die USA oder Asien?

Auch in wirtschaftlicher und sozialer Hinsicht hat jeder Kontinent seine eigene Geschichte, hat seine eigenen Erfahrungen gemacht. Das sollte auch bei der fortschreitenden Globalisierung eingebracht werden, vor allem in sozialen Fragen. Deutschland hat erfahren, daß der soziale Akzent Markwirtschaft menschlich macht. Die Verlierer im Wettbewerb gehören zu uns. Sie verdienen Beachtung und Hilfe.

Ist es nicht intolerant und arrogant zu behaupten, die eigene – deutsche oder europäische – Kultur enthalte Traditionen oder Aspekte, die besser sind als andere?

Es kann schnell überheblich wirken, wenn ich einfach behaupte, daß die eigene Kultur besser ist als andere. Aber im immer stärker werdenden Austausch der Kulturen, wie wir ihn erleben, sollen wir unsere Traditionen einbringen. Unsere Kultur ist vom Christentum geprägt, bei allem Versagen im Laufe der Geschichte; vom christlichen Glauben her ist unser Menschenbild bestimmt, wenn das auch vielfach schwer wahrnehmbar ist. Diese Traditionen der eigenen Kultur, die auch bei uns erst wieder entdeckt werden müssen, sollten im Austausch der Kulturen eingebracht werden. Wir wollen damit nicht prahlen, denn wir haben sowieso noch genug Schwächen. Was aber gut ist, sollen wir nicht geringschätzen.

Muslimen bedeutet der Freitag, Juden der Samstag mehr, ist Flexibilität da nicht ein Gebot der Toleranz?

Die Flexibilität wird ja in unserem Land nicht aus Rücksicht auf Muslime oder Juden gefordert, sondern wegen Maschinenauslastung oder aus ähnlichen wirtschaftlichen Gründen. Das kann im Notfall vernünftig sein. In alten Zeiten hat die Kirche den Bauern bei einem drohenden Unwetter immer zugestanden, daß sie auch am Sonntag die Ernte einholen können. In Anlehnung an ein Jesuswort kann man sagen: Der Mensch ist nicht für den Sonntag da, sondern der Sonntag für den Menschen. Wenn aber dieser kostbare Tag grundsätzlich zum Ackern freigegeben wird, dann dürfen wir das nicht tolerieren. Ich finde es übrigens großartig, daß sich auf den deutschen Baustellen am Sonntag keine Baukräne drehen. Das nenne ich Toleranz gegenüber einem sehr arbeitsamen Volk, das auch Zeit zum Aufatmen braucht.

Herr Bischof, Sie leben, wie eingangs schon angeschnitten, im protestantischen Sachsen, in der sogenannten Diaspora. Wie halten Sie es denn hier mit dem Missionsbefehl, der Ihnen aufgegeben ist? Oder lautet Ihr Zauberwort „Pluralismus"?

Eigentlich sind wir zusammen mit den evangelischen Christen hier in einer Zerstreuung unter Nichtchristen. In Leipzig sind nur noch 11 Prozent evangelisch, 4 Prozent sind katholisch, d. h. 85 Prozent sind nicht getauft.
Selbstverständlich ist der Missionsauftrag genauso bedeutend wie der Auftrag, die Kirche in Einheit zusammenzuführen. In dieser pluralen Gesellschaft haben alle ein gemeinsames Ziel, auch wenn sie es nicht wissen: Gott will alle in seiner Liebe versammeln und zum ewigen Heil führen. Es ist allerdings nicht sehr einfach. Menschen, die Jahrzehnte nichts von der Kirche gehört haben, die den christlichen Glauben auch in ihren Fundamenten nicht kennen und die zumeist meinen, daß sie mindestens vorläufig gut ohne Gott und Gebet auskommen, zu den Grundwahrheiten des Glaubens zu führen. Jedoch die Fragen bleiben für jeden. Irgendwann in seiner persönlichen Geschichte begegnet hier jeder der bohrenden Frage: Ist da doch noch etwas über die Dinge hinaus, für die ich sonst mein ganzes Leben eingesetzt habe?
Mir sagte ein Arbeiter im mittleren Alter: „Ich bin jetzt 53, da kommt ja nun nicht mehr soviel, sagen Sie mir, war das nun alles?" Wir können die Menschen mit diesen Fragen nicht allein lassen. Der Glaube ist uns nicht für uns selbst gegeben, sondern jeder von uns steht in seinem Dienst, im Dienst der Verkündi-

gung. Wir müssen wie die Apostel sagen: „Wir können unmöglich schweigen über das, was wir gesehen und gehört haben" (Apg 4,20). Besonders bei harten Schicksalsschlägen brechen diese Fragen auf. Auch die Jugend ist aufgeschlossen und sucht, bisweilen beeindruckend. Wir dürfen sie nicht einfach in die Hände der Sekten laufen lassen.
Wir müssen uns ohne Zögern dem Missionsauftrag stellen. Das sind wir Christus und den Menschen schuldig.

In der Bundesrepublik leben heute rund sieben Millionen Ausländer, die mehr oder weniger nicht integriert sind. Welche Aufgabe kommt hier auf die Kirche zu?

Die katholische Kirche ist eine Weltkirche. Da begegnen einander Menschen aller Völker und Rassen mit ihren verschiedenen Kulturen, aber alle sind auf dem gemeinsamen Weg der Christusnachfolge. Dieses Wissen schafft gute Voraussetzungen bei dem Bemühen, Ausländer in Deutschland zu integrieren. Es ist schon erstaunlich, was die Gemeinden und was die Caritas bei uns leisten. Sie halten ihre Türen offen, laden ein zu Gesprächen, bauen Vorurteile, die auch bei uns bestehen, ab und versuchen zu helfen. Deutschkurse werden angeboten. Kontakttreffen werden veranstaltet. Die Freundschaft zwischen Familien der Deutschen und Ausländer wird gepflegt. Viele Zugezogene haben in der Kirche inzwischen Heimat gefunden.

Würden die Deutschen, vor allem die von hoher Arbeitslosigkeit gebeutelten Ostbürger, überhaupt mit einer de facto multikulturellen Gesellschaft fertig werden? Gibt es hier Hilfestellung von der Kirche?

Die Arbeitslosigkeit und alles, was damit zusammenhängt, ist ein großes Problem und muß ganz ernst genommen werden. Auf der anderen Seite werden in einem offenen Europa auch zu uns immer mehr Menschen aus den verschiedensten Ländern kommen. Die Bemühungen der Kirche, wie sie sich in der Arbeit der Pfarreien und der Caritas zeigen, nannte ich schon.

WARUM PASST SICH DIE KIRCHE NICHT AN?

In einem schon viele Jahre währenden Prozeß bemüht sich die Deutsche Bischofskonferenz zusammen mit der Evangelischen Kirche Deutschlands (EKD), durch wichtige Impulse und Dialoge mit Verantwortlichen gegen die Arbeitslosigkeit vorzugehen. Wenn wir uns auch nicht in die konkreten Fragen der Arbeitsmarktpolitik direkt einmischen können, weil wir sonst unseren Kompetenzbereich überschreiten würden, sind doch die gemeinsamen Verlautbarungen von den Verantwortlichen und der Öffentlichkeit sehr beachtet worden.

Meine persönliche Meinung zu dieser Frage ist, daß die vielfach angesprochene Flexibilität, an der es in Deutschland mangelt, tatsächlich den Kern des Problems ausmacht. Wenn ein mittelständischer Unternehmer für das Risiko von Neueinstellungen bei Absinken der Konjunktur für seine Gutwilligkeit sofort gesetzlich abgestraft wird, wird er niemanden einstellen. Dadurch begründet sich die Kuriosität, daß diejenigen, die im Arbeitsprozeß stehen, meist zuviel Arbeit haben, und andererseits die Arbeitslosen aus ihrem mißlichen Schicksal nicht herausgeholt werden. Es ist auch nicht einzusehen, daß durch die Tarifbindung der prosperierende Konzern dem kleinen mittelständischen Unternehmen, das um seine Existenz ringt, gleichgestellt wird. Die Gewerkschaften müssen endlich begreifen, daß Arbeitslose auch Menschen sind, und daß Gewerkschaften nicht nur für die eigenen Mitglieder eintreten können. Arbeitgeber müssen sich mehr in die Karten schauen lassen und großzügiger den Arbeitnehmer am Gewinn beteiligen, ohne daß sie erst lange durch Streiks dazu gezwungen werden müssen. Je mehr Arbeitnehmer und Arbeitgeber unter dem Zeichen der Gegnerschaft, statt unter dem Zeichen des gemeinsamen Interesses für ihren Betrieb stehen, um so stärker bleibt die Gesellschaft getrennt in hartnäckige Interessenvertreter. Davon profitieren dann die politischen Extreme.

Daran läßt sich aber eine ganze Menge ändern. Die Fokolarbewegung hat dies weltweit durch die „Wirtschaft der Gemeinschaft" bewiesen, daß Akzentuierung eines vitalen Zusammenspiels zwischen Arbeitgebern und Arbeitnehmern zugleich Erfolgsmodell und Zukunftsmodell der Wirtschaft sein wird. Ich wage zu prophezeien, daß eine Wirtschaft im alten Stil der Gegensätze und des Kampfes sich selbst ruinieren wird. Die Brutalität des Konkurrenzkampfes ist für uns kein unabänderliches Schicksal.

Sind Sie persönlich für oder gegen eine Ausweitung der Zuwanderung nach Deutschland?

Die Frage der Ausweitung der Zuwanderung darf vor allem nicht dazu benutzt werden, Ängste zu schüren. Andererseits muß mit dieser Frage angesichts der Arbeitslosigkeit in unserem Lande und der damit verbundenen Probleme äußerst sensibel umgegangen werden.

Wirtschaft, Bio- und Medientechnik entwickeln sich rasant. Sollen wir's nicht einfach laufen lassen?

Nein. Gerade bei dem rasanten Wandel der Wirtschaft von der Industrie zur Wissensvermarktung wird die Wirtschaftsethik mit den christlichen Maßstäben eine wesentliche Rolle spielen müssen. Wenn man bedenkt, daß alle 100 Tage das Internetangebot verdoppelt wird, und im Jahre 2004 eine Milliarde Menschen Anschluß an das Internet haben werden, dürfte klar sein, wie die digitale Technik auf diesen und anderen Wegen unser Leben verändern wird. Wir werden digital arbeiten, informieren, kommunizieren. Eine Fülle von Kenntnissen wird für fast alle zugänglich, wie es das in der Geschichte noch nie gab. In der Wirtschaft wird der Austausch dieser Kenntnisse so schnell sein, daß wir uns noch nicht vorstellen können, wie der Wettbewerb verschärft wird. Wer eine entscheidende technische Entwicklung zu spät erkennt, hat schon verloren. Die Informationsbranche hat sich in der Welt zur größten Wirtschaftsmacht entwickelt und bereits einen Jahresumsatz von über zwei Billionen Euro. In ihrer Branche kommen jährlich weltweit 600 000 Arbeitsplätze hinzu.
Aber schon jetzt fühlen sich 70 Prozent der Deutschen von der digitalen Technik überfordert. Es wird sich überhaupt nicht

mehr vermeiden lassen, daß jeder lebenslang lernt. Die Universitäten werden nicht mehr nur Einfluß auf die Studenten nehmen können. Während im Agrarzeitalter Grund und Boden das ausschlaggebende Kapital waren, waren es im Industriezeitalter die Maschinen. In der Wissensgesellschaft ist es der Mensch selbst. Aus diesem Grund ist ja das fragwürdige Wort „Humankapital" erfunden worden.

Gleichzeitig mit dieser Höchstbewertung des Menschen mit seinem Wissen kommt es selbstverständlich auch zu gravierenden Problemen.

Wenn jeder die Möglichkeit hat, dem Internet seine Ideen anzuvertrauen, dann übernimmt man selbstverständlich auch im wachsenden Maß Verantwortung für die Inhalte dieses Mediums. Wer gibt dem Internetsurfer entsprechende ethische Maßstäbe vor? Wie werden die Rechte des Einzelnen geschützt? Gibt es ein allgemeinverbindliches Wertesystem? Was ist unantastbar? Einer der entscheidenden Werte, die Würde des einzelnen und seine Freiheit, muß als grundlegender Wert von allen anerkannt und geachtet werden, sonst wird die rasante Forschungsentwicklung über wehrlose Schwache hinwegrollen wie ein Panzer. Die augenblickliche Gentechnikdebatte ist bereits ein unrühmliches Beispiel. Der Forschungswettbewerb, der verführerische Geschäftsgeist und der ehrgeizige Forscherdrang treiben die Gesetzgeber unter Zeitnot zu Entscheidungen, die nur so von ethischen Widersprüchen strotzen. Der wirtschaftliche Konkurrenzdruck spielt dabei eine entscheidende Rolle. Es geht bei diesem Forschungszweig möglicherweise um das lukrativste Geschäft der Zukunft.

Weiterhin erfordert die Entwicklung zur Wissensgesellschaft eine neue Sozialpflichtigkeit des einzelnen Bürgers. Der Umgang mit der komplizierten Technik und das notwendige Wissensvolumen werden von vornherein einen bestimmten Prozentsatz der Bevölkerung aus der künftigen Entwicklung ausgrenzen. Wie werden diese Menschen an den Erfolgen beteiligt? Welchen Platz nehmen sie in der Gesellschaft ein? Wie wird ihr menschlicher Abstieg verhindert. All das sind Fragen, die von der Kirche in besonderer Weise in die Debatte einge-

bracht werden müssen. Die Frankfurter Allgemeine Zeitung (F.A.Z.) definierte „erfolgreiche Lebensführung" für die Zukunft folgendermaßen: „Pünktlich und bedarfsgerecht liefern, was sonst niemand zu bieten und anzubieten hat." Das kann eben nicht jeder.
Dieses wirtschaftliche Idealbild ist auch nicht deckungsgleich mit dem christlichen Menschenbild. Ein Mensch voller Einfühlsamkeit und Bereitschaft, Erfolg und Schmerz mit den anderen zu teilen, ist durchaus genauso nötig für die Gesellschaft der Zukunft wie der bedarfsgerechte Lieferant. Die eiskalte Versachlichung des Wissens und deren Weitergabe mit merkantilem Gewinn schaffen noch längst nicht die Persönlichkeitsstruktur, die einen Menschen zum wahren Menschen macht.
Auch die Frage des Eigentums wird man unter sozialethischen Punkten neu definieren müssen. Auch Wissen ist Eigentum, aber es gibt kein Wissen, das nicht wesentlich auch Eigentum der ganzen menschlichen Gemeinschaft ist. Niemand hat alles von sich aus erfunden. Im Gegenteil, in den seltensten Fällen gründet Wissen auf eigener Erkenntnis, und selbst dann, wenn eine Spezialbegabung große Entdeckungen möglich gemacht hat, ist ein entsprechendes Patent darauf niemals ein absoluter Besitz, denn die Begabung habe ich mir auch nicht selbst geschaffen. Kenntnis und Erkenntnis gehören mir nie allein. Erst das Teilen von Erkenntnis und Erfahrung ist Motor für weiteren menschlichen Fortschritt.
So ergeben sich viele neue Aspekte des notwendigen Engagements von Kirche für die Wirtschaft, die ohne grundlegende Wertorientierung gefährlich entgleisen kann. Der Mensch darf nicht zum Sklaven der Wissensgesellschaft werden.

Halten Sie es für richtig, daß Investment-Gesellschaften ethische Indexfonds auf den Markt bringen, und der Vatikan diese Form der Aktienanlage unterstützt, quasi den göttlichen Beistand für die Geldanlage gibt?

Sie beziehen sich mit Ihrer Frage offensichtlich auf eine Februar-Ausgabe der „Welt", die einen Artikel mit Bildzeitungsniveau „Aktienanlage mit vatikanischem Segen" veröffentlicht hat. Es gibt selbstverständlich nicht den Unsinn eines göttlichen Beistandes für Geldanlagen. Daß sich jedoch Leute mit Gewissen fragen, welche wirtschaftliche Initiativen man für ethisch einwandfrei halten kann und daher unterstützen darf, entspricht menschlichem Verantwortungsbewußtsein. Allerdings sollten kirchliche Stellen mit Empfehlungen sehr zurückhaltend sein. Stimmt die Meldung überhaupt?

Der Abfall vom Glauben ist eine Massenerscheinung geworden. Wie kann man die Jugend überhaupt noch für die katholische Kirche begeistern?

In unserer Diasporakirche kann ich keinen massenhaften Abfall vom Glauben feststellen. Zweifellos sind viele auch nicht aus Glaubensgründen weggegangen, sondern der Geiz hat die Entscheidung herbeigeführt. Die Kirchensteuer sollte in der eigenen Tasche bleiben. Viele von diesen „Finanzflüchtlingen" nehmen aber die Dienste der Kirche trotz ihres Austritts gern für sich in Anspruch. Ich empfehle unseren Priestern immer wieder, antwortet auf deren Geiz nicht mit Unbarmherzigkeit. Kirche ist keine Dienstleistungsgesellschaft, die nur gegen Bezahlung ihre Arbeit macht. Erläutert aber diesen schwächlichen Christen, daß es für die Freiheit der Kirche sehr wertvoll ist, nicht abhängig zu sein von irgendwelchen Mäzenen, wie man das in den anderen Ländern bisweilen kennt!
Die wichtigere Frage ist, wodurch fängt die Jugend geistliches Feuer? Nach meinen Beobachtungen besonders dann, wenn die Krisen kommen. Und die kommen im Jugendalter oft ganz massiv. Man fühlt sich nicht verstanden, allein gelassen, weniger begabt, weniger schön, leidet unter Mißerfolgen und keiner hilft. Wenn an solchen Stellen ein Kaplan mit jungen Leuten auf Spurensuche geht nach dem, der jedes Menschen innigster Freund sein will, in dessen Nähe man einfach wieder auflebt, dem Leben wieder Schwung und Tiefgang gibt, dann werden junge Menschen dort ihre Heimat finden. Die Spuren des Heiligen Geistes im eigenen Leben zu entdecken, macht das Leben zu

dem spannenden Abenteuer, für das sich ein lebenslanger Einsatz lohnt. Für die Mitarbeiter in der Pastoral ist es dann auch eine persönliche Bereicherung mitzuerleben, wie junge Christen vom Feuer des Heiligen Geistes auf Trab gebracht werden. Das bestätigen auch immer wieder die vielen Firmhelfer in unseren Gemeinden. Das Schöne an der Jugend ist, daß sie leidenschaftlich Beziehung zu Gott aufnehmen kann, das reißt dann die Älteren mit.

Macht sich der Geist Gottes an Personen fest?

Gott wirkt in der Regel immer über Menschen. Jugend hat eine feine Nase für Echtheit. Sie nimmt dem alt gewordenen Papst Johannes Paul II. alles ab, weil sie spürt, der mogelt nicht. Was er sagt, ist vom eigenen Leben abgedeckt. Er ist kein Schauspieler. Um den ebenfalls alt gewordenen Roger Schutz von Taizé sammeln sich hunderttausend junger Leute, weil sie spüren, daß er nicht nur vom Gebet redet, sondern wirklich selber betet.

Märtyrer und Kreuzritter

Dresden hat sechs Märtyrer, junge Menschen, die am 24. August 1942 für ihren Glauben hingerichtet wurden. Welche Kraft können diese, 1999 Seliggesprochenen, der Jugend von heute geben?

Die sechs seliggesprochenen Märtyrer von Dresden, fünf Jugendliche aus der Salesianer-Schule und ein noch junger Bruder der Steyler Missionare, der sich wie Maximilian Kolbe zur Rettung von Familienvätern geopfert hat, sind große Vorbilder für die Jugend. Jugendliche, die die Zellen am Münchner Platz besuchen, in denen sich die jungen Polen auf ihren Tod vorbereiten mußten, verlassen diesen Ort des Grauens und der Tapferkeit innerlich verändert. Die Zeugnisse der letzten Briefe an die Eltern, der Glaube, der aus ihnen spricht, faszinieren aber jeden. Sie wurden völlig unschuldig hingerichtet von den Nazis und waren doch nicht verzweifelt. Sie hatten den Tod vor Augen und glaubten an das Leben. Sie hätten getröstet werden müssen und trösteten statt dessen in den Briefen ihre Eltern. Sie waren jung, aber durch Leid gereift. Das läßt junge Leute nicht kalt. Das hat Vorbildwirkung. Deshalb bemühen wir uns auch um die Seligsprechung des im KZ-Lager Dachau durch eine Giftspritze umgebrachten Jugendseelsorgers von Dresden, Kaplan Alois Andritzki; deshalb verehren wir den in Dachau ebenfalls umgekommenen Dresdner Diözesanjugendseelsorger, Dr. Bernhard Wensch. Gott hat in diesen Männern Großes vollbracht. Das dürfen wir nicht vergessen.

Auch heute kämpfen und sterben Menschen für ihren Glauben – spektakulär, z. B. Selbstmordattentäter. Sie gelten im Islam als Märtyrer, sonst als Terroristen. Oder sind es moderne Kreuzritter?

Es ist natürlich ein himmelweiter Unterschied, ob einer als Opfer von Gewaltanwendung stirbt oder ob er selbst Gewalt anwendet und dabei sein Leben verliert. Terroristen sind Angreifer, Märtyrer sind Angegriffene. Wahrhaftig, es gibt eine unübersehbare Zahl christlicher Märtyrer auch in den letzten Jahrzehnten. Terroristen mit religiöser Motivation ähneln in gewisser Weise Kreuzrittern, weil beide meinten, im Namen Gottes und zu seiner Ehre kämpfen zu müssen. Uns lehrt die Bergpredigt das Gegenteil. Und als Petrus glaubt am Ölberg Jesus mit dem Schwert verteidigen zu müssen, wies ihn Jesus zurecht: „Stecke dein Schwert in die Scheide. Wer zum Schwert greift, kommt durch das Schwert um" (vgl. Mt 26,52).

Katholische Märtyrer sind seit fast 2000 Jahren Opfer von Gewalt, Kreuzritter hat die Kirche nicht mehr, ihre Lehre vom „gerechten Krieg" versucht, Kriege auf ein Minimum zu reduzieren. Der Islam hingegen ist seit 1300 Jahren eine kriegerische Religion, die den „heiligen Krieg" kennt und seinen Heldentoten das Paradies verspricht.

Aber in ihrer Kritik an ungehemmtem Kapitalismus, am Verfall der Moral und an einer atheistischen Gesellschaft ziehen Rom und Mekka am selben Strang. Auf UNO-Konferenzen soll es schon zu Koalitionen gekommen sein ...

Echter religiöser Glaube ist nie mit Fanatismus vereinbar, das gilt auch für den Islam. Bei ihrem Eintritt für Menschenwürde und Menschenrechte weiß sich die Kirche eins mit allen Menschen guten Willens, die die gleichen Ziele verfolgen. Es gibt wohl Texte im Koran, die den „heiligen Krieg" in bestimmten Situationen empfehlen. Viele Gruppen im Islam zeigen jedoch auf die Textstellen, die den Muslimen das friedliche Miteinander in dieser Welt empfehlen. Wir müssen diese Muslime unterstützen.

Halten Sie Krieg überhaupt für ein Mittel, um Frieden zu stiften?

Manche haben auf diese Frage eine schnelle Antwort. Die habe ich nicht. Wir müssen den Verstand bei dieser Frage schon sehr eingehend bemühen. Ich kann unmöglich tatenlos zuschauen, wenn vor meinen Augen ein Schwacher von einer Horde zusammengeprügelt wird; ich muß ihm zu Hilfe kommen. Eine solche Situation ist auch unter Völkern möglich. Wie schrecklich wäre das Blutbad auf dem Balkan weitergegangen, wenn alle anderen Völker gesagt hätten, da sollen die selbst zusehen. Es gehört zur bitteren Realität dieser Erde, daß es Gewalttätige gibt und Gewaltbereitschaft, die kann man mit den schönsten Reden nicht wegdebattieren. Mörder dürfen in der menschlichen Gesellschaft nicht freien Lauf bekommen. Trotzdem ist auch die andere Seite sehr zu bedenken: Frieden, wirklicher Frieden, wurde mit Kriegen noch nie gestiftet, höchstens Waffenstillstand. Der Friede wurde dann aufgebaut, wenn sich die Gegner endlich an einen runden Tisch gesetzt haben. Das fällt vielen sehr schwer, weil es an einem solchen Tisch keinen Sieger und keinen Besiegten gibt. Wer Frieden will, muß wissen, daß es zur politischen Verhandlung keine vernünftige Alternative gibt. Alle anderen Wege kosten Opfer, viele unschuldige Opfer.

WARUM PASST SICH DIE KIRCHE NICHT AN?

Die Bundesrepublik Deutschland hat vor dem Hintergrund des Zweiten Weltkrieges fast 50 Jahre größte Zurückhaltung gepflegt, wenn es um den Einsatz der Bundeswehr im Ausland ging. „Von deutschem Boden darf nie wieder Krieg ausgehen!" Diese Beschwörungsformel wird heute nur noch von einem kümmerlichen Häuflein von Ostermarschierern gebraucht.
Erfordert die neue „internationale Solidarität" deutsche Soldaten in aller Welt? Oder wird die Bundeswehr, einst Verteidigungsarmee Deutschlands, damit zur Hilfstruppe der USA?

„Von deutschem Boden darf nie wieder ein Krieg ausgehen." – Das ist ein politischer Impuls, der endgültigen Charakter haben sollte. Wenn aber Deutsche unschuldig Verfolgten und Unterdrückten militärisch zu Hilfe kommen, geht nicht von Deutschland ein Krieg aus, sondern wird mit Hilfe eines militärischen Einsatzes versucht, einen Krieg zu beenden und dauerhaften Frieden zu stiften. Allerdings sollte die Begründung für einen solchen Einsatz jeweils international erfolgen, damit nicht auf einem Schleichweg einseitig nationalen Interessen gedient wird. Außerdem muß bedacht werden, daß das Verbrechen des Zweiten Weltkrieges in der ganzen Welt noch weiterhin zu Vorbehalten gegenüber dem Militäreinsatz der Deutschen führen wird. Die Deutschen sollten sich qualifizieren in der Friedenspolitik und militärische Auslandseinsätze nur dort unterstützen, wo die Solidarität der Völker es unbedingt erfordert.

Vier Jahre rotgrüner Politik haben pazifistische Tabus überwunden. Gerhard Schröder, zur Zeit Bundeskanzler, kann sich sogar die Bundeswehr als militärischen Druckmacher zwischen Israel und den Palästinensern vorstellen. Wann wird zum ersten Mal der Enkel eines KZ-Opfers in die Mündung eines deutschen Sturmgewehres blicken?

Aus dem Konflikt zwischen Israel und Palästina sollten sich die Deutschen militärisch vollständig heraushalten. Der Anblick deutscher Soldatenstiefel dürfte, nach dem, was Deutsche Juden angetan haben, noch jahrzehntelang die Israelis schockieren.

Die USA sind die Weltmacht Nummer eins. Die Durchsetzung ihrer Interessen, mit wirtschaftlichem Druck, aber auch mit militärischer Gewalt wird nur noch mit „amerikanischen Werten" bemäntelt, geschieht aber eigentlich unverblümt. Sehen Sie Deutschland als Steigbügelhalter des Welt-Rambos – in „uneingeschränkter Solidarität", um noch einmal den rotgrünen Reformkanzler zu zitieren?

Diese Sichtweise ist mir zu einfach. Freilich ist die Versuchung einer Weltmacht immer sehr groß, eigene Interessen mit allen zur Verfügung stehenden Mitteln eiskalt durchzusetzen. Mir scheint das aber bei einem Volk, in dem die demokratischen Spielregeln uneingeschränkt einsetzbar sind, nicht so leicht möglich, wie Sie es in Ihrer Frage darstellen. Die Amerikaner sind im Umgang mit ihrer Regierung nie sehr zimperlich gewesen. Freilich haben sie in manchen Situationen zu spät erkannt, daß politische Entscheidungen auch zu Katastrophen führen können.
Ich bedaure bei den Amerikanern, daß diese überreiche Nation sich viel zu wenig einsetzt gegen Hunger und Armut in der Welt. Es kann doch wirklich niemand ernsthaft in Frage stellen, daß die Haßtiraden gegen Amerika in muslimischen Ländern auch durch die Massenarmut bedingt sind. Hier sollten selbst die deutschen Politiker mehr Solidarität üben und gleichzeitig die Amerikaner zu mehr Solidarität mit den armen Ländern herausfordern. Deutschland erfüllt nicht die eingegangenen Verpflichtungen gegenüber den armen Ländern, und die USA stehen in dieser Sache auf dem allerletzten Platz unter den reichen Ländern.

Muß sich die katholische Kirche in diesen Fragen eigentlich nicht sehr zurückhalten? Denn wie viele Menschen mußten bei den Kreuzzügen im Namen Gottes ihr Leben lassen.

Im Rückblick auf die Geschichte wird man sehr klein. „Reinigung des Gedächtnisses" (Papst Johannes Paul II.), da ist schon noch eine ganze Menge zu tun. Wissenschaftler, die hier saubere historische Forschung betreiben, argumentieren mit Recht, daß man beim Menschen vergangener Epochen ein ganz anderes kollektives Verantwortungsbewußtsein in religiösen Belangen kannte, und Andersgläubige von vornherein als Feinde Gottes und des Menschen galten. Aber wenn schon dieses Denken eine erschreckende Enge zeigt, so ist es ganz und gar nicht mit dem Evangelium vereinbar, daß politische Machtinteressen mit religiösen Zielsetzungen so undurchschaubar verwoben wurden, daß der gewöhnliche Kreuzritter sagen konnte: Gott will es. Gott wollte es eben nicht. Die Ergebnisse waren Tod, Seuche und Haß.

Die dunklen Seiten ihrer Geschichte werden nicht selten als Argument gegen die Kirche angeführt. Wie vereinbaren Sie „Tod, Seuche und Haß" mit Ihrem Glauben?

Als ich 1966 hier in Dresden an der heutigen Kathedrale Kaplan gewesen bin, wünschte ein Student getauft zu werden. Nach einigen Monaten des Katechumenates fragte ich nach seinem eigentlichen Bekehrungsgrund. Er sagte mir: „ An der Kirche fasziniert mich, daß man neu anfangen kann, wenn man Fehler gemacht hat. In meiner Partei (der SED) ging das nicht." Es war natürlich klar, daß das mit einer Partei unvereinbar ist, die von sich behauptete: Die Partei hat immer Recht. Manche wollen das der Kirche auch einreden. Das sagt die Kirche aber von sich selbst nicht. Der Mensch in der Kirche ist und bleibt ein Gefährdeter. Wie es für den Einzelnen gilt, so gilt es auch für ganze Gruppen, Völker, ja Zeiten. Genauso war es schon in der Geschichte des Volkes Israel. Was war das für ein ständiges Auf und Ab. Mein Glaube an die Kirche ist nicht ein Glaube an die Perfektion der Kirchenmitglieder, mein Glaube gründet darauf, daß jedem Einzelnen, aber auch der Kirche jeder Epoche das Angebot Gottes entgegenleuchtet: Bekehre dich und fang neu an. Die Ideologien, die sich wie der Nationalsozialismus oder der Kommunismus als Systeme des perfekten Menschen verkauft haben und gleichzeitig Zigmillionen ermorden ließen, kannten keine Umkehr und keinen Neuanfang. Sie gibt es nicht mehr; denn China und Vietnam sind längst etwas anderes geworden.

MÄRTYRER UND KREUZRITTER

Kann die Kirche nicht erst dann Frieden predigen, ja herstellen wollen, wenn sie sich mit ihrer eigenen Vergangenheit versöhnt hat?

Ja, das ist genau richtig. Schön reden und anders handeln, das geht nicht miteinander. Die vielen demütigen Bekenntnisse des Papstes sind für die Kirche wesentlich, nicht ein Randphänomen. Es geht auch nicht darum, sich für die Sünden längst vergangener Zeiten gespielt an die Brust zu schlagen, sondern es geht um die Demut der Kirche. Kirche wäre noch schwerer verkraftbar, wenn sie sich als perfekte Gesellschaft verkaufen könnte. Wir singen: „Du nimmst uns an, trotz unserer Schuld." Wir singen nicht: Du nimmst uns an, weil wir schuldlos sind. Leider kennt der moderne, säkulare Mensch diesen bedeutsamen Unterschied zu wenig. Für mich gibt es deswegen nicht einen Grund, aus einer Kirche auszutreten, die Fehler macht, für mich gäbe es einen Grund, aus einer Kirche auszutreten, die sich hinstellt und sagt: Ich mache alles richtig. Das wäre dann nicht mehr *die* Kirche des Evangeliums Jesu Christi.

Ist es nicht endlich Zeit, daß der Papst sich für das Unrecht entschuldigt, das die Inquisition angerichtet hat?

Die Inquisition ist ein Kapitel für sich. Heute haben wir es leicht damit, heute käme keiner mehr auf die Idee, zu meinen, daß man mit solchen Methoden, wie sie damals angewandt worden sind, Menschen zu Gott und zum Guten bewegen kann.
Aber über dieses Kapitel wurden dicke Bücher geschrieben. Und momentan bemühen sich die Dominikaner in sauberer wissenschaftlicher Klärung, die Beteiligung ihrer Ordensgemeinschaft zu untersuchen. In dem langen Schuldbekenntnis, das Papst Johannes Paul II. mit seinen Kardinälen zur Milleniumsfeier gesprochen hat, ist nach meinem Verständnis selbstverständlich auch die Inquisition inbegriffen. Ich glaube nicht, daß es sinnvoll ist, bis ins Detail die Bekenntnislitanei auszuweiten. Wir Christen sollen das begangene Unrecht vergangener Zeiten deswegen nicht vergessen, damit auch nicht der Anschein eines

Ähnlichen sich in unseren Tagen wiederholen kann. Das halte ich für wichtiger. Ich habe noch kein Land auf dieser Erde, keine bedeutsame Institution auf dieser Erde mit einem solchen grundlegenden Reue- und umfassenden Schuldbekenntnis erlebt. Stellen wir uns doch bloß einmal vor, Deutschland begänne da seine Geschichte zu beackern oder die Parteien würden es wagen, ehrlich die eigene Vergangenheit zu beleuchten. Da gäbe es vielleicht lange Schuldregister. Ich meine, zuviel Zerknirschung ist auch nur wieder eine Art sublimer Heuchelei. Gehen wir nach vorn und gestalten wir eine Zeit, in der der Mensch nicht mehr auf solche grausamen Machtinstrumente wie Inquisition setzt.

Wie kann sich die Kirche mehr für den Frieden, das zentrale Thema, das uns alle stark bewegt, stark machen? Zum Beispiel, indem sie mehr mit den anderen Religionen der Welt zusammenarbeitet?

Der interreligiöse Dialog ist eine Sache des Friedens. Es war jedes Mal eine hervorragende Idee des Heiligen Vaters, die Vertreter großer Weltreligionen nach Assisi zu rufen. Allen liegt der Friede am Herzen, schon das hat geeint. Das dürfte in der ganzen Welt nachdenklich gemacht haben, gerade auch die, die sich aus religiösen Motiven zur Gewaltanwendung gerufen fühlten. Bei den jährlichen Friedenskonferenzen der Weltreligionen kommt dieses intensive Miteinander zum Ausdruck.
Auch bei den Katastropheneinsätzen in den verschiedensten Krisenregionen der Welt gibt es dann und wann eine sehr gute interreligiöse Zusammenarbeit. Immer, wenn der Mensch in Nöte gerät, besinnt er sich auf das eben Gemeinsame und das Trennende verliert an Bedeutung. Leider zeigt die Geschichte Israels schon, aber auch die Geschichte aller Religionen und Völker, daß in den sogenannten guten Zeiten der Mensch dazu neigt, die Unterschiede zu betonen. Jesus hat bei der Begegnung mit der Samariterin am Jakobsbrunnen genau das Gegenteil getan. Er hebt hervor, daß es nicht wesentlich ist, ob man Gott auf dem Garizim oder auf dem Zion anbetet. Der Garizim war

die Kultstätte der heidnischen Samariter, der Zion in Jerusalem war der Gottesberg der Juden. Jesus aber sagt: daß die Zukunft darin liegt, im Geist und in der Wahrheit Gott anzubeten.

Worüber würden Sie zum Beispiel reden, wenn Sie die Gelegenheit hätten, mit dem Dalai Lama, dem geistlichen und weltlichen Oberhaupt Tibets, zusammenzukommen?

Im Gespräch mit dem Dalai Lama würde mich brennend interessieren zu erfahren, wie er konkret die Liebe lebt. Das ist ja unser gemeinsamer Berührungspunkt. Durch Begegnungen mit der Fokolarbewegung ist deutlich geworden, wie Buddhisten und Christen durch die Losgelöstheit vom eigenen Ich die Kraft der Liebe in der je eigenen Religion – aber auch gemeinsam – in einer solchen Tiefe erfahren können, daß es die jeweilige andere Seite fasziniert. Chiara Lubich hat durch Vorträge bei der japanischen Risho Kosekai-Bewegung mit ihrem Bekenntnis zur Goldenen Regel und der Verkörperung der göttlichen Liebe in Jesus Christus eine solche Zustimmung gefunden, daß sich eine schöne Notwendigkeit ergibt, den Dialog zu intensivieren. Ich bin fest davon überzeugt, daß unsere Religionswissenschaftler ihre Werke über andere Religionen total revidieren müssen. Da ist vieles so einseitig, nur durch unsere eigene Brille gesehen worden, und die Weise, die Paulus uns gelehrt hat, den anderen zu verstehen, ist zu wenig berücksichtigt worden. Wir müssen versuchen, uns weitgehend in den anderen hinein zu denken, zu fühlen und von ihm her seine Aussagen zu verstehen. Dann werden wir uns viel, viel näher kommen. Für mich ist es sehr kostbar, vom Dalai Lama zu hören, daß er uns Christen nicht empfiehlt, eine Mischung von Buddhismus und Christentum herzustellen, sondern daß er uns empfiehlt, bessere Christen zu werden. Dann verstünden wir die Buddhisten besser.

Friede und Terrorismus, Gerechtigkeit und Globalisierung, Klimaschutz und Kohlendioxid-Ausstoß – so würde vielleicht ein Nachrichtensprecher die größten Probleme unserer Zeit zusammenfassen. Was sind für Sie die drei größten Probleme unserer Zeit?

WARUM PASST SICH DIE KIRCHE NICHT AN?

Das erste Problem für mich ist, daß viele Menschen so wenig dankbar sind für das viele Positive, das wir erleben. Es ist, als hätten viele geradezu Lust, in den Wunden anderer herumzuwühlen. Gleichzeitig scheint man blind zu sein für das Schöne, Wahre, Gute, das uns täglich in vielfältiger Weise begegnet. Manchmal träume ich von einer Zeitung mit dem Titel „Das Positive", aber vermutlich wäre sie nicht marktfähig. Von der Sensation des Bösen leben viele Medien, weil die Menschen darauf vernarrt zu sein scheinen. Dadurch entsteht die allgemeine Stimmung von der bösen Welt, der bösen Jugend und den bösen Alten. Wer aber die Augen öffnet, kann so viel Erfreuliches entdecken, daß die Schattenseiten des Lebens nicht ein solches Übergewicht behalten.

Das zweite Problem, das ich genauso besorgniserregend empfinde, ist die Flucht vor den Nöten der anderen und sogar vor den eigenen Nöten. Es gab bei uns im Osten einen kollektiven Fluchtversuch. Man redete sich das Paradies ein und verschloß die Augen vor der Katastrophe, anstatt die Probleme anzupacken. Jetzt sehe ich stärker individuelle Fluchtversuche. Wenn es Schwierigkeiten gibt, bin ich nicht zuständig. Der Mensch in Not wird allein gelassen. Mindestens der Christ muß sich hier die Frage vorlegen, ob er schon gehört hat, daß Jesus sagte: „Wer mein Jünger sein will, nehme täglich sein Kreuz auf sich und so folge er mir nach." Das Ja zum Kreuz ist immer auch Ja zum Gekreuzigten und bleibt deshalb nicht stehen beim Blick auf die Nöte, sondern geht Hand in Hand mit dem Gekreuzigten, daran, dem Nächsten die Lasten soweit wie möglich abzunehmen. Wer vor dem Kreuz flieht, flieht vor einem wesentlichen Kapitel seines Lebens. Was weiß eigentlich einer, der noch nie das Leid eines anderen aufgegriffen hat?

Das dritte Problem ist die Frage, ob in der Epoche der Globalisierung die Welt zu einer inneren Einheit finden wird oder beim weltweiten Wirtschaftsaustausch hängen bleibt. Natürlich wäre es schon ein Fortschritt, wenn durch eine weltweite Wirtschaft die Situation der ärmeren Länder verbessert werden könnte, aber wir Christen haben in der Frage der weltweiten Verbundenheit der Menschheit eine gewisse Unersättlichkeit. Wir zielen auf eine Einheit der Herzen hin, die manchen illusorisch erscheinen mag, aber ganz dem Wunsch Jesu entspricht: „Vater, laß sie eins sein, wie du in mir und ich in dir." Ich bin fest davon überzeugt, daß das nicht eine Illusion bleiben muß. Es gibt immer wieder ermutigende Zeichen, erste wichtige Schritte, die beweisen, daß die Menschen dieser Erde in der Lage sind, uralte Fehden endlich zu begraben und sich die Hände zu reichen. In den letzten hundert Jahren sind einige Dinge passiert, die vorher unglaubhaft waren. Nachbarländer, die sich Jahrhunderte gehaßt und bekämpft haben, sind Freunde geworden. Konfessionen, die Kriege gegeneinander geführt haben, beten zusammen. Religionen, die einander kaum kannten, bemühen sich, einander zu verstehen und sind zu gemeinsamen Trägern der Friedensbotschaft geworden. Die Avantgarde dieser Zielstellung hat inzwischen Tiefenerfahrungen dieser Einheit in Gott gemacht, die das Wirken des Geistes Gottes in unseren Tagen unter Beweis stellen. Damit muß es weitergehen.

Herr Bischof, Sie haben die Tief-, aber auch die Glanzpunkte der Geschichte des 20. Jahrhunderts skizziert. Wir befinden uns, vielleicht meist, ohne uns dessen bewußt zu sein, im 21. Jahrhundert, ja in einem neuen Jahrtausend. Es wird dennoch angesichts der Fehlprognosen zu Anfang des letzten Jahrhunderts kaum möglich sein, einen Vorausblick auf das neue Jahrhundert zu werfen. Aber vielleicht auf die nächsten Jahrzehnte? Was, meinen Sie, werden die beherrschenden Themen sein?

In der nächsten Zeit werden wir weltweit mit den Extremisten zu tun haben. Die Faszination des Materiellen, auch des beruflichen Engagements läßt in den meisten Ländern der Erde die Familie zu kurz kommen. Kinder müssen das Wichtigste entbehren, was der Mensch zur Entwicklung einer ausgewogenen Persönlichkeit braucht: die Liebe. Der Mangel an wahrer Liebe rächt sich, leider wortwörtlich. Die einen machen den Rachefeldzug im kleinen, persönlichen Umkreis, die anderen auf dem politischen Feld, ein anderer Kreis läßt sich dabei religiös motivieren und schließlich entwickeln einige brutale, kriminelle

WARUM PASST SICH DIE KIRCHE NICHT AN?

Energie. Wenn sich solche extremen Kräfte bündeln, dann entsteht daraus eine Gefahr für das Land oder sogar eine länderübergreifende Gefahr. Das wird uns noch sehr zu schaffen machen. Anlässe, um die kriminelle Energie zu entzünden, wird es in der Geschichte der Menschen immer genügend geben. Dann aber ist es schon zu spät, um die Katastrophen zu verhindern. Die Gesellschaft wird sehr viel Aufmerksamkeit den Kindern und Jugendlichen zuwenden müssen, die zuwenig geliebt werden. Schulunterricht im traditionellen Sinn dient vorrangig der Wissensvermittlung allein. Der junge Mensch aber braucht genauso nötig Wärme und Geborgenheit, Annahme und Freude. Zum Glück dürfte das in den überwiegenden Fällen noch gegeben sein. Aber die 10 Prozent, die diese harmonische Atmosphäre ganz entbehren müssen, sind eine immense Gefahr. Wie sich immer wieder zeigt, bleiben Frust und Vereinsamung in der jungen Generation weitgehend unentdeckt. Das erschwert die Aufgabe der Gesellschaft, eine Persönlichkeitsentwicklung rechtzeitig zu fördern. Die Kirche muß deshalb weiterhin mit allen ihren Möglichkeiten Familie schützen. Wo Familie vernachlässigt wird, werden die Fundamente jeder menschlichen Gemeinschaft erschüttert.

Ein weiteres großes Weltthema wird für die nächsten Jahre das Problem der Armut bleiben. Millionen Menschen verhungern jährlich oder erkranken unheilbar, weil die Welt nicht teilt. Ein bisweilen widerlicher Luxus steht einer bitteren Armut gegenüber. Hier hat Kirche über ihre großen Hilfswerke schon enorme Nöte der Menschen lindern können. Aber es ist noch sehr viel zu tun. Vor allem müssen die Kriege unterbunden werden, denn sie zerstören die Hilfsaktionen oft nach mühsamen Einsätzen der internationalen Helfer.

Wenn sich Völker den Frieden nicht selbst geben können, sind die lebensrettenden internationalen Militäreinsätze unverzichtbar. Wir können nicht zuschauen, wie man sich in Stammesfehden und bei ethnischen Säuberungen abschlachtet.

Vor allem muß das Wort „Rache" aus dem Wortschatz und Gedankengut eines Politikers verschwinden. Wer auf Unmenschliches in unmenschlicher Weise antwortet, löst kein Problem.

Auch hier ist ein Umdenken auf der Basis des Evangeliums der beste Weg. Wir können deshalb diese göttliche Weisheit immer nur weitertragen mit allen Kräften und Mitteln, die uns zur Verfügung stehen. „Gebt, dann wird auch euch gegeben werden."

Die Struktur der Provokation

Warum kann eigentlich nicht jeder einfach seine Bibel lesen und das, was er da rauszieht, selber entscheiden? Es heißt doch, der Geist weht überall ... Warum kann dann nicht jeder sagen, die Bibelstelle sehe ich so, die gefällt mir gar nicht, da finde ich das Taoteking besser oder irgendwas von Qumran ...?

Ach, wenn doch möglichst viele die Bibel ganz persönlich lesen würden ... Ganz gewiß könnte dann der Geist Gottes manchem ganz persönlich offenbarte Wahrheiten erschließen. Wenn aber einer die Bibel mit irgendwelchen esoterischen Texten oder Ähnlichem gleichsetzt, dann hat er den wesentlichen Qualitätsunterschied nicht begriffen. „Wort des Lebendigen Gottes" ist eben etwas ganz anderes als gut gemeinte Schriften, die sich Menschen ausgedacht haben. Die heilende und rettende Kraft des Wortes Gottes muß durch das Lehramt immer neu erschlossen und gleichzeitig bewahrt werden.

Vom richtigen Denken

Der autonome Umgang des Einzelnen mit der Bibel war schon eine Forderung des Königsberger Philosophen Immanuel Kant, von dem es heißt, er habe die Aufklärung vollendet, im geistesgeschichtlichen Sinne. Von ihm stammt die Definition: „Aufklärung ist der Ausgang des Menschen aus seiner selbstverschuldeten Unmündigkeit. Sapere aude! Wage es, dich deines eigenen Verstandes zu bedienen." Wozu also ein kirchliches Lehramt?

Zunächst einmal muß man auf die Balance achten. Einerseits hat uns der Schöpfer den Verstand gegeben, damit wir ihn gebrauchen, andererseits müssen wir uns davor hüten, dem Verstand die Position Gottes einzuräumen. Gerade die Intelligenten durchschauen, wie schnell sich der Mensch irren kann. Denken und Glauben sind aber gute Geschwister. Die Willensentscheidung zu einem Glaubensinhalt ist doch nur sinnvoll nach einem Denkprozeß, der in Freiheit und Hörbereitschaft vollzogen wird. Wer allerdings meint, allein in seinem Kopf existiere das zuverlässigste Lebensprogramm, hat nicht einmal Kant verstanden. Richtiges Denken ist nicht eine Sache von Individualisten, sondern von Generationen von Jahrhunderten, ist immer eine Sache der Menschheit. Deshalb ist es in Schulen und Universitäten zu Hause. Wir klären uns nicht selbst auf, sondern wir werden aufgeklärt.

Wenn Aufklärung im Sinn von *claritas,* Klarheit, gemeint ist, werden wir sie nach Kräften fördern. Mir scheint aber, daß manche Aufklärer Existenzfragen des Menschen kurzschlüssig beantwortet oder gar vernebelt haben. Da muß man wachsam sein. Manche Sexualaufklärung im Unterrichtsmaterial ist eher engführend, so daß überhaupt nichts geklärt wird. Wer lediglich die biologischen Fakten und die Empfängnisverhütung mit ein paar psychologischen Nebenbemerkungen vermischt anbietet, hat überhaupt nichts geklärt. Es ist ein Drama, daß gerade in einer Zeit, in der man sich auf diesem Feld aufgeklärt gibt, so wenig von den wesentlichen Elementen menschlicher Sexualität weitergegeben wird.

Aber Sie haben ja Ihre Frage in einen weiteren Verstehenshorizont gestellt: Brauche ich als Mensch, der sich für einigermaßen aufgeklärt hält, dann überhaupt noch Kirche zur Klärung meiner Glaubensfragen? – Ein religiöser Individualist ist schon deswegen zum Scheitern verurteilt, weil er die Grundgegebenheiten menschlichen Denkens negiert. Keiner erfindet den Glauben neu. Sogar Jesus hat sich bewußt, trotz seiner göttlichen Sendung, in eine Jahrhunderte während Glaubenstradition seines Volkes gestellt. Nur der Stolze kann sich einbilden, unabhängig von allen anderen seinen Weg zu finden. Je intensiver ein Mensch sich in die Geschichte des Glaubens einbindet, je tiefer einer in die Kirche integriert ist, um so sicherer findet er den rechten Weg. Je stärker sich einer abkoppelt und nach privatem Stil grübelt, um so sicherer verfällt er dem Irrtum.

Die Struktur der Provokation

Aber jeder hat einen Verstand und kann selbständig denken. Die eigene Ratio verträgt nur einen Partner, das ist die Autonomie! Zwei Grundsätze genügen. Erstens: „Sei Dein eigener Herr und tu was Du willst!" Und zweitens: „Aber verursach keine Kosten und mach keinen Ärger!" So wird heute gedacht, und Ihre Schäfchen fangen doch auch schon an ...

Wer die eigene Ratio anbetet, dem mangelt es mit Sicherheit an Intelligenz. Wer auch nur ein klein wenig Überblick über die in Jahrhunderten gewonnenen Erkenntnisse und Irrtümer hat, der weiß, wie notwendig das Hören auf andere, das Anerkennen der eigenen Grenzen und das Vertrauen zu denen, die einem etwas zu sagen haben, ist.
Tragisch ist, daß sich autonome Tendenzen auch in das Kirchenvolk eingeschlichen haben. Man wählt aus, was man glauben möchte. Man übernimmt nur die Christenpflichten, die man für erfüllbar hält. Das ist die Mentalität des ersten Sündenfalls. Ich entscheide selbst, ob ich vom Baum der Erkenntnis esse oder nicht. Damit nimmt das Drama der Geschichte des Menschen weiterhin seinen Lauf.

Rationalität als Maßstab für alle Bereiche und Entscheidungen, als Anforderung an den Menschen als solchen und jederzeit; also auch als Maßstab und Anspruch an alles, was mit Glaube und Kirche zu tun hat – lehnen Sie das ab?

Ratio und Glaube sind keine Widersprüche. Der Mensch hat nicht das Recht, seinen Verstand bei wichtigen Schritten seines Lebens abzugeben. Allerdings kann auch nicht der Verstand des Einzelnen Maßstab aller Entscheidungen sein, weil ich durchaus morgen manches verstehen kann, was ich im Augenblick absolut nicht begreife. Verstand entwickelt sich im Prozeß, bedarf der Geduld, der Prüfung, der Argumente, ist keine Blitzaktion. Verstehen kann ich schließlich nicht – wie ich schon sagte – in dem ich mich vom Denken anderer isoliere. Jedenfalls gilt: Rationalität kann ich als Christ nicht ablehnen.

Aber geistliche Autorität heißt doch, ein paar kennen sich aus mit dem lieben Gott und sagen dem Rest Bescheid.

Wer von sich behauptet, Gott stünde ihm zur Verfügung und er könne ihn und seine Wahrheiten jedem anderen erklären wie eine Sache, der hat gewiß von Gott noch nicht viel begriffen. Die Kirche selbst behauptet ja von sich, daß sie auf dem Weg zu ihm hin ist. In der Gottesfrage sind die Heiligen und die Mystiker immer sehr vorsichtig mit der Auskunft über ihre inneren Erfahrungen gewesen. Auch in den Evangelien ist es typisch, daß dort wo die Gottes-Herrlichkeit des Auferstandenen dem Menschen entgegentritt, die Berichterstatter gewissermaßen ins Stottern kommen. Wenn diese Auferstehungsberichte mit der Präzision physikalischer Experimente berichtet worden wären, fiele mir das Glauben eher schwer.
Wem Gott geistlichen Tiefgang und wirkliche Erfahrung der Berührung des Höchsten geschenkt hat, der spricht danach eher in Vergleichen und Bildern, jedenfalls sehr vorsichtig. Also hier kann eigentlich keiner sagen: „Komm her, ich zeig dir's, ich weiß Bescheid."

Trotzdem: Die Gleichheit aller lebt die Kirche nicht. Das ist doch ein Skandal!

Auch die Gesellschaft macht nicht mit bei der Gleichheit aller. Das würde gar nicht funktionieren. Es ist eben nicht jeder Minister und nicht jeder Professor. Es verdient nicht jeder das gleiche Geld. Es hat nicht jeder das gleiche Ansehen. Das ist die Realität. Es müßte aber – und so wünschen wir uns das als Christen – jeder die gleichen Grundrechte haben, denn jeder Mensch hat die gleiche Würde vor Gott. Deshalb hat in der Kirche ein Amtsträger nicht eine höhere Würde, sondern eine größere Bürde. Ein sogenannter einfacher Christ hat bei Gott kein geringeres Ansehen und genießt daher in der Kirche die vollen Mitgliedschaftsrechte wie ein Bischof. Wir leben in der Gleichheit des einen Leibes Christi, aber in der Verschiedenheit der Aufgaben, Dienste und Charismen. Immer wieder werden wir uns allerdings fragen müs-

Die Struktur der Provokation

sen, ob sich auch in der Kirche manche Sonderrechte erschleichen, die nicht zugestanden werden müssen. Allerdings ist die Versuchung zu dieser unrechtmäßigen Ungleichheit in der modernen Gesellschaft bekanntlich viel größer als in der Kirche. Wir wissen doch: „Alle sind gleich, manche sind gleicher."

Gleichheit heißt heutzutage sehr zentral Gleichstellung der Geschlechter. Vor hundert Jahren galt es als unschicklich, dem Wunsch einer Dame zu widersprechen. Nach heftigen feministischen Attacken gilt es heute geradezu als obszön, Frauen den Zugang zu Ämtern zu verwehren. Als einige Damen für sich selbst eine Privatpriesterinnenweihe inszenierten und sich dann römisch-katholische Priesterinnen nannten, wurden sie – nach eingeräumter Frist für Reue und Buße, die sie verstreichen ließen – exkommuniziert. Die Kirche traut sich was!

Der Versuch einiger Frauen, die Priesterweihe über diesen Weg zu erzwingen, ist für mich eher schmerzlich, denn er wird bereits vorhandene Spaltungen nur noch vertiefen. Hinter diesem Bestreben steht der bedauerliche Irrtum, Priesterweihe, Priesteramt als Machtposition zu verstehen. Das ist die Sichtweise eines ins Säkulare abgesunkenen Christentums, das wird weder der Kirche noch der Menschheit etwas Positives erschließen. Gegen die Minderbewertung der Frau zu kämpfen wäre ich leidenschaftlich bereit. Wo ich das in meinen Ämtern bisher tun konnte, habe ich es auch getan. Unsere Gemeinden werden sowieso häufig wesentlich intensiver von Frauen gestaltet als von Männern. Ich bin auch einer der ersten Bischöfe in Deutschland gewesen, der Frauen in leitende Positionen der Kirche gerufen hat. Aber ich sehe keinen Grund, die Rollenfunktion des Mannes in der Darstellung Christi seiner Kirche herabzuwürdigen. Protestler kommen und gehen, da braucht es Geduld und einen langen Atem.

Das Spektakel der Damen haben die meisten Menschen sofort als unsinnig und befremdlich erkannt. Aber viele meinten auch, es der Verhärtung einer Männerwirtschaft anlasten zu dürfen, daß die katholische Kirche sich in der Frage der Zulassung von Frauen zum Priesteramt unnachgiebig zeigt, während die Anglikaner z. B. nicht widerstehen konnten ...

Der entscheidende Grund ist nicht Verhärtung oder Männerwirtschaft, sondern Treue zur Entscheidung Jesu und Treue zu einer fast zweitausendjährigen Geschichte der Kirche. Nur wer sich sicher ist, daß all die weisen Frauen und Männer der vergangenen Jahrhunderte in dieser Frage geirrt haben, kann einen anderen Weg gehen. Ich muß allerdings sagen, daß die protestantischen Kirchen hier mit einem größeren Unfehlbarkeitsanspruch auftreten, als das der Papst wagt. Wie können sie so sicher sein, daß eine moderne Emanzipationsbewegung einen so wesentlichen Eingriff in die Ordnung des kirchlichen Dienstes rechtfertigt, der ja auch für die Orthodoxie ein Ärgernis ist? Wäre um der Ökumene willen nicht auch der Weg der Geduld möglich gewesen? Trotzdem wollen wir selbstverständlich die Suche nach Einheit leidenschaftlich fortsetzen, aber bauen wir uns nicht noch mehr Hindernisse in den Weg.

Unverfügbare Wahrheiten?

In Zusammenhang mit der Ablehnung der Priesterweihe von Frauen hat die Kirche nicht gesagt, daß sie keine Lust dazu habe, Frauen zum Priesteramt zuzulassen, sondern daß sie zu so einem Schritt nicht ermächtigt sei. Steht die Kirche für eine Wahrheit, die sie nicht in der Hand hat?

Ja, gerade das ist es. Es gibt doch bei den Verantwortlichen der Kirche keine Mißachtung der Frau, wie das manche gern unterstellen. Es geht in allen wesentlichen Fragen immer darum, dem Willen des Stifters der Kirche zu entsprechen. Dieser ist am ehesten aus seinem eigenen Handeln ablesbar. Keiner, der die Schrift kennt und für seinen Glauben zur verbindlichen Richtschnur erhoben hat, kann sich über die Tatsache hinwegsetzen, daß Jesus klar unterschiedene Rollen Männern und Frauen in der Kirche zugewiesen hat. Daran sind wir gebunden. Das gilt in gleicher Weise für alle Glaubenswahrheiten, die nach biblischem Zeugnis eindeutig göttlichen Ursprungs sind.

Für viele Leute heutzutage ist doch nur noch folgendes wahr: Es gibt keine Wahrheit bzw. jeder hat seine eigene. Ist es nicht „echt intolerant", zu sagen, dies oder jenes sei wahr und zwar für jeden?

Es ist keine neue Erscheinung in der Geschichte des Denkens, zu behaupten, es gäbe an sich gar keine Wahrheit, die für jeden verbindlich wäre. Das würde ja im Klartext bedeuten, daß jede Ideologie ihre Berechtigung hätte. Spielen wir das nur einmal mit der Ideologie des Nationalsozialismus durch, dann wird sehr schnell klar, daß nicht jeder, auch nicht jede Partei oder gesellschaftliche Gruppierung für sich selbst festmachen kann, was Wahrheit ist. Die Nazis haben die Wahrheit der Gleichheit für jeden Menschen ersetzt durch ihre Rassenideologie. Das hat Millionen unschuldiger Menschen das Leben gekostet. Wer da behauptet, daß man gegenüber solchen Ideen tolerant sein müsse, stellt sich auf die Seite der Verbrecher. Oder, wer das Lebensrecht Ungeborener als erkannte Wahrheit der gesamten Menschheit in Frage stellt, kann doch nicht mit Toleranz bedacht werden. Hier ist nicht nur die Kirche, sondern jeder vernünftig denkende Mensch zum Kampf für das Leben herausgefordert. Wer alles toleriert, toleriert auch das Chaos.
Freilich muß auch bedacht werden, daß Jesus mit aller Klarheit die Wahrheit gesagt hat, aber keinen gezwungen hat, sie anzunehmen. Auch nach seiner Predigt sind viele weggegangen. Er hat nicht einmal verhindert, daß Judas zum Verräter wurde. Entscheidung für Gott und seine Wahrheit geht nur in Freiheit. Da macht Toleranz Sinn. Gott hat uns die Freiheit geschenkt, niemand hat das Recht, sie dem anderen zu rauben.

Sie haben Wahrheit vorhin beschrieben als persönliche Wahrhaftigkeit, als erstrebenswertes Ziel des Menschen, als etwas, das

UNVERFÜGBARE WAHRHEITEN?

man nicht besitzen kann, als etwas, das dem Gläubigen in der Person Jesu Christi begegnet. Aber die Kirche behauptet doch auch, daß dies oder jenes wahr sei. Man sagt, sie „wähne sich im Besitze ewiger Wahrheiten."

Diese Aussage ist für die Kirche konstitutiv. Der geringere Teil der Wahrheiten, die die Kirche den Menschen vorstellt, ist menschliche Reflexion. Kirche gibt vor allem Wahrheiten weiter, die ihr von Gott selbst anvertraut worden sind. Wir sprechen deshalb von Offenbarungsreligion. Diese Vielfalt, die vor allem in der Heiligen Schrift festgehalten worden ist, wird in den wichtigsten Aussagen in konzentrierten Texten zusammengefaßt. Das sind die Dogmen. Sie bleiben für den Christen verbindliche Lehraussagen. Sie müssen aber durch den Fortschritt der Erkenntnisse in jedem Jahrhundert weiterentwickelt, tiefer erschlossen, zugänglicher formuliert werden. Deswegen trifft gerade für das Dogma die vielbehauptete Eigenschaft „starr" nicht zu. Im Gegenteil ist in der Kirchengeschichte die theologische Debatte eher bisweilen so vital gewesen, daß das kirchliche Lehramt immer wieder gehalten war, Grenzüberschreitungen zu verhindern.

Wenn Du das und das machst, kommst Du nicht in den Himmel oder: in die Hölle. Die Kirche steht da als Vertreterin Gottes und entscheidet über das ewige Schicksal der Seelen! Gerade so, wie wenn der Angestellte Maier zum Chef will, und im Vorzimmer sagt die Sekretärin: „Herr Maier, das geht jetzt nicht, und Gehaltserhöhung gibt's keine, kann ich Ihnen gleich sagen, aber wenn Sie trotzdem reinwollen, in vier Stunden, aber nur mit Krawatte und Sakko ..." Ist die Kirche das Vorzimmer des Himmels?

Kirche entscheidet überhaupt nicht über das ewige Schicksal der Menschen. Das letzte Urteil steht allein Gott zu. Kirche macht sich aber Sorgen um das ewige Heil der Menschen. Das ist nicht nur legitim, das ist ihre Pflicht. Wenn eine besorgte Mutter dem Heranwachsenden einige mahnende Worte auf seinen Motorradtrip mitgibt, empfindet dieser das vielleicht als

Die Struktur der Provokation

Hereinreden in seine Angelegenheiten. Die Mutter aber möchte, daß der Sohn wieder gesund nach Hause kommt. Mahnende Worte verboten?
In einer ähnlichen Rolle ist die Kirche. Sie muß den Menschen sagen, wo der Weg zum Ziel führt, und wie man sich für den steilen Aufstieg rüstet. Besonders aber hat sie auf diesem Weg die notwendige Nahrung zur Verfügung zu stellen. In der Kirche sind wir noch nicht am Ziel, in der Kirche sammelt sich das zum Ziel wandernde Gottesvolk.

Göttliche Pläne und demokratische Schwächen

In Deutschland – wie überhaupt in der westlichen Welt – ist Demokratie als Standard der Verfaßtheit von Staaten und anderen Organisationen gesellschaftlicher Konsens. Ja, es wird sogar an eine Ausweitung in Richtung direkter Demokratie – Stichworte: Bürger- oder Volksbegehren – gedacht, teils unter Beteiligung engagierter Katholiken sogar dafür gekämpft. Auch die Kirche kennt Gremien, in denen manche Sache demokratisch entschieden wird, lutherische oder reformierte Kirchen sind sogar so strukturiert. Da ist es doch ein Affront, daß in der katholischen Kirche nicht über alles demokratisch abgestimmt wird! Ja, sie treibt es noch toller: Sie hat eine Hierarchie.

Ursache für diese Struktur ist unsere feste Überzeugung, daß Jesus der Kirche eine Struktur vorgegeben hat, die nicht von unten her, also von einer demokratischen Basis gestaltet wurde, sondern einem göttlichen Plan entspricht. Das ist einer der wesentlichen Punkte, der katholische und orthodoxe Christen von den Protestanten trennt. Deswegen steht für uns die hierarchische Ordnung nicht einfach zur Disposition. Allerdings darf ein kirchliches Amt nicht seine Bestimmung als Dienst verlieren. Wer in der Kirche seine Vollmachten zur Herrschaftsposition verzerrt, verleugnet die Intention Jesu ganz eindeutig.

Und dann ist da erst der Diakon, und ganz weit oben steht der Papst. Eine gewaltige Stufung, geprägt von Über- und Unterordnung, Autorität und Gehorsam.
In diesem Zusammenhang stieß ich beim Lesen von Kardinal Ratzingers Interview „Salz der Erde" auf eine interessante Stelle. Ratzinger erzählt von einer katholischen Theologin, Elisabeth Schüssler-Fiorenza, sie sei als Feministin immer für die Weihe oder Ordination von Frauen eingetreten, nun aber sei sie dagegen. Ich lese einmal die Stelle auf S. 224 f. vor, in der der Kardinal den Meinungswandel der Theologin widergibt: „Die Erfahrung mit den weiblichen Priestern in der amglikanischen Kirche habe zu der Erkenntnis geführt: ordination is not a solution. *Ordination ist keine Lösung, das ist nicht das, was wir wollen. Sie erklärt auch wieso. Sie sagt:* ordination is subordination, *also Ordination ist Subordination – Einordnung und Unterordnung, und genau das wollen wir nicht."*
Das heißt doch, daß gerade Frauen, die sich als extrem fortschrittlich bezeichnen, gar nicht katholische Priester werden wollen, weil das mit Einordnung in die Hierarchie, mit Unterordnung bezahlt werden müßte. Eine Zumutung!

Auch die Zivilgesellschaft kommt nicht ohne Ordnungsgefüge aus. Es gibt Betriebsleitung, Aufsichtsrat, staatliche Ober- und Unterbehörden, Schulleiter und Lehrer, Richter und Polizisten, denen allen sich in irgendeiner Weise andere unterzuordnen haben. Ohne Autorität geht es gar nicht. Nur Robinson Crusoe brauchte niemandem zu gehorchen. Diese neuzeitliche Märchenfigur mag manchen Träumern entsprechen, hat aber nichts mit der Realität des Lebens zu tun. Daß in der Kirche Über- und Unterordnung eine geistliche Motivation erfahren, macht den Gehorsam nicht schwerer, sondern leichter. Ich kann mich einem anderen viel eher unterordnen, wenn ich davon ausgehen darf, daß das Motiv für seine Anordnungen nicht Willkür ist, sondern der Versuch dem Willen Gottes zu entsprechen.

Die römisch-katholische Kirche hat die Demokratie als Staatsform nur zögerlich befürwortet, aber selbst nie eingeführt.

DIE STRUKTUR DER PROVOKATION

Schwingt da nicht auch eine Urskepsis mit, ob die Demokratie der Weisheit letzter Schluß ist?

Die zahlreichen Schwächen der Demokratie erleben wir ja fast tagtäglich. Wie leicht ist die große Zahl der Bevölkerung manipulierbar! Man wählt nicht den Besten, sondern den, den man für den Besten hält. Aber nach welchen Kriterien? Man applaudiert nicht der klügsten politischen Entscheidung, sondern der, die einem momentan am besten schmeckt. Und Politiker sind sehr anfällig für die Stimmung der Masse. Die Diskrepanz zwischen Wahlversprechen und nachfolgenden Taten läßt manche an der Politik verzweifeln. Es darf ja auch nicht übersehen werden, daß auf demokratischem Wege Gewaltsysteme an die Macht gekommen sind, die Schreckliches angerichtet haben. Trotzdem müssen wir sagen, es gibt keine bessere Lösung. Zu Hitler oder Stalin wollen wir jedenfalls nicht zurück, auch nicht zu Kaiser und Fürst. Euphorie der Demokratie gegenüber ist allerdings auch nicht angesagt. Deshalb sollte die Kirche ganz gelassen eine gewisse Skepsis gegenüber demokratischen Regularien bewahren. Das wird der Gesellschaft nur helfen, ihre Lage nüchterner zu beurteilen. Viel zu oft erwarten doch die Menschen von einem Neugewählten wahre Wunder. Wir sind eben überzeugt davon, daß es nur einen einzigen Messias gibt.

Warum genügt es nicht, daß jemand sagt: Ich glaube an Gott, ich spreche mit ihm, er liebt mich und wird mir verzeihen? Warum brauche ich dazu einen Mittler, einen Priester, der das irgendwie verwaltet?

Eigentlich kennt das Christentum nur einen einzigen Priester, nämlich Jesus Christus. Er hat – wie uns der Hebräerbrief lehrt – als einziger das Opfer der Lebenshingabe dargebracht, das den Menschen rettet. An dem Priester Jesus Christus kommt keiner vorbei.
Die Priester der Kirche tragen diese Bezeichnung nur in abgeleiteter Form, weil sie die Aufgabe haben, den einzigen Hohenpriester Jesus Christus zu repräsentieren. Christus selbst ist aber

der einzige Mittler zwischen Gott und den Menschen. Die in der Kirche geweihten Priester dienen dazu, die in der Taufe und Firmung empfangenen Gaben der Gläubigen zur Entfaltung zu bringen. Deshalb empfängt er in der Priesterweihe die Vollmacht, an Stelle Christi zum besten der Gemeinde zu handeln. Die Priester machen deutlich, daß der einzige wahre Priester Jesus Christus in mitten der Gemeinde gegenwärtig ist. In hervorragender Weise wird das Dienen der Priester an der jeweiligen Gemeinde mit dem Schluß des eucharistischen Kanons zum Ausdruck gebracht: „Durch Christus und mit ihm und in ihm ..." wird Gott alle Ehre zuteil. Christus hat die Apostel in die ganze Welt hinausgesandt. An dieser weltweiten Sendung haben die Priester in besonderer Weise Anteil. Deshalb entwickelt der Priester eine besondere Leidenschaft für die Verkündigung des Evangeliums.

Wenn sich ein einfacher Mensch ohne Schulbildung, der nicht studiert hat und das auch gar nicht könnte, meldet und sagt: Ich will Priester werden, dann geht das nicht. Wenn sich eine Frau berufen fühlt, ist das der Kirche egal: sie ist nicht berufen, heißt es. Und ein bewährter Familienvater kann noch so viel Theologie machen und wird mit Frau und Kindern auch nie Priester. Das geht doch wirklich nicht!

Die Kirche hat den priesterlichen Dienst von frühester Zeit so hoch eingeschätzt, daß sie an die Vergabe des Weihesakramentes besondere Bedingungen geknüpft hat. Der Empfänger muß in seiner physischen, psychischen und dem Glauben entsprechenden Verfassung den hohen Anforderungen gerecht werden können, die durch diesen Beruf an ihn gestellt sind. Das Urteil darüber gesteht die Kirche nicht dem Bewerber zu, sondern ist den Verantwortlichen der Kirche vorbehalten. Das ist ja sogar in jedem Betrieb so ähnlich.
Mir scheint in der letzten Zeit eher die Gefahr zu bestehen, daß die Meßlatte zu tief angesetzt wird. Die volle Verfügbarkeit, eine gewisse geistliche Kompetenz, aber vor allem eine in der Liebe begründete Bindung an den dreieinigen Gott und seine

DIE STRUKTUR DER PROVOKATION

Kirche müssen vorausgesetzt werden. Auch die Gemeinde hat selbstverständlich berechtigte Erwartungen an einen Priester, denen wenigstens in etwa zu entsprechen ist. Priestertum light wäre ein schwerer Schaden für die Menschen, denen es zu dienen hat. Es entspräche aber vor allem nicht dem hohen Auftrag in der Person Christi, des Hauptes der Kirche, zu wirken.

Der einfache Gläubige hat doch auch direkten Zugang zu Gott. Kann es etwas Größeres geben als sein Gebet?

Das gemeinsame Priestertum aller Gläubigen eröffnet jedem in der Kirche besondere Chancen des Zugangs zu Gott. Die Sakramente sind ein spezifisches Geschenk an den Gläubigen in der Kirche. Besonders die Eucharistie ist ein sicheres Zeichen dafür, daß Christus die Gläubigen eint und unsere Hoffnung auf einen neuen Himmel und eine neue Erde nicht umsonst ist. Ignatius von Antiochien nennt die Eucharistie Gegengift gegen das Sterben. Jesus sagt: „Wer mein Fleisch ist und mein Blut trinkt, hat das ewige Leben … Er bleibt in mir und ich bleibe in ihm" (Joh 6). Der Mensch, der sich nach der Gemeinschaft sehnt, kann sie nirgends tiefer und nirgends radikaler in Christus verwurzelt finden als in der Eucharistie. Eine der tiefsten Aussagen über die Eucharistie stammt von Leo dem Großen, der gesagt hat: „Die Teilnahme am Fleisch und Blut Christi bewirkt, daß wir verwandelt werden, in den, den wir empfangen." Christus werden ist unser Lebensziel.

Hierarchie statt Demokratie, Gehorsam statt Mitbestimmung, Unterschiede statt Gleichheit, Autorität statt Autonomie … Die Kirche hat in ihrer Struktur Elemente belassen, ja immer wieder bekräftigt, für die Staaten Schwierigkeiten mit internationalen Organisationen bekommen würden. Das ist reichlich dreist, finden Sie nicht?

Die Vorgaben Jesu Christi sind für uns verbindlich und nicht die Standards der jeweiligen gesellschaftlichen Entwicklung. Unsere Frage kann zu jeder Zeit nur heißen: Was hat Jesus Christus der Kirche vorgegeben? Staaten und internationale Organisationen haben sich herauszuhalten aus Fragen, die die Grundlagen des Glaubens berühren.

Es ist gar nicht so abwegig, daß verbohrt rückschrittliche Länder und Vereinigungen in naher Zukunft politischem, juristischem, ja sogar militärischem Druck ausgesetzt werden. Auf UNO-Ebene, auf EU-Ebene oder auf nationaler Ebene gibt es erste Anzeichen dafür. Sollte die Kirche diese Signale nicht ernstnehmen und sich lieber gleich anpassen?

In allen zivilen Belangen darf Kirche sich nicht auf der Erkenntnisebene vergangener Jahrhunderte bewegen. Ziviles Recht ist für den einzelnen Christen wie für kirchliche Organisationen und Vereine ebenso verbindlich, wie für jeden anderen Bürger eines Staates. Dann aber gibt es international anerkannt auch die Angelegenheiten der Kirche intern, die sie einfach eigenständig zu regeln hat. Jede Form von Druck der Staaten auf religiöse Gemeinschaften wäre eine Verletzung der Menschenrechte. Wie eine Religionsgemeinschaft ihr Binnenleben gestaltet, ist allein ihr zu überlassen, solange nicht die Grundrechte des Menschen verletzt werden.

Die Kirche sperrt sich ja auch gegen den Autoritätsanspruch des Staates: Ist der Bischof als Staatsbürger dem Papst zu unbedingtem Gehorsam verpflichtet?

Bürgerpflichten und Gehorsam in der Kirche sind nicht identisch. Ich beantrage den Führerschein für mein Auto nicht beim Papst, meine Lohnsteuern entrichte ich dem Staat, das wird mir im Vatikan niemand verbieten. Als Bürger der Bundesrepublik Deutschland habe ich die gleichen Rechte und Pflichten wie jeder andere.
Als Bischof stehe ich zum Papst um der Einheit der Kirche willen. Der Gehorsam fällt mir nicht schwer, weil er Sinn macht. Es wäre schrecklich, wenn jeder Bischof in Glaubensfragen nach privatem Gutdünken eigene Akzente setzen könnte. Das

widerspräche schon dem Geist der Kollegialität der Weltgemeinschaft der Bischöfe.
Auch der Staat hat das Ordnungsgefüge der Kirche zu respektieren. Es muß einen Freiraum geben, in dem Kirche ihr Miteinander regeln und entfalten kann. Wo sich Aufgabenfelder überschneiden – wie etwa bei Religionsunterricht und Schule – müssen Vereinbarungen getroffen werden, die die Rechte und Pflichten jeder Instanz berücksichtigen.
So ist beispielsweise das Lehrfach Theologie an einer Universität nicht nur Sache des Professorenkollegiums oder des Wissenschaftsministeriums, sondern auch des Bischofs. Deshalb ist das Anstellungsverfahren so geregelt, daß die Zustimmung aller Verantwortlichen notwendig für diesen bedeutsamen Auftrag ist.

Kann man sich denn sicher sein, daß ein Katholik im Konfliktfall die staatlichen Interessen wahren wird? Als Kennedy Präsident der USA wurde, befürchtete man, ein Sprachrohr des Papstes gewählt zu haben ...

Nicht nur in Amerika gibt es die Tendenz, Mitglieder einer Religionsgemeinschaft dem Staat gegenüber für illoyal zu halten. Zunächst muß ja festgehalten werden, daß natürlich sich jeder Mensch mit Grundeinstellungen an ein öffentliches Amt macht. Immer muß sich der Wähler dessen bewußt sein, daß er mit der Zustimmung zu einem Kandidaten auch dessen Grundeinstellung ein Stück bejaht. Wer aber die Vorstellung nährt, daß sich ein Katholik in Staatsgeschäften die Anweisungen des Papstes einholt, kennt unsere Kirche nicht. An dieser Stelle wird wieder einmal deutlich, wie wenig wir einander kennen. Wenn der Papst Impulse für die Weltgestaltung gibt, dann sind diese an alle gerichtet. Wenn der Papst politische Instanzen etwa zur Einhaltung der Menschenrechte ermahnt, dann entspricht das seiner Hirtenaufgabe, die nicht auf die Mitglieder der katholischen Kirche begrenzt ist.
Wenn ein Christ aus Gewissensgründen etwa bei einem bestimmten Militäreinsatz einen staatlichen Befehl nicht entsprechen kann, ergibt sich schon ein Loyalitätskonflikt. Das gilt aber

nicht nur für Christen. Deshalb hat der Staat kein absolutes Recht auf Loyalität. In der Frage der Abtreibung oder in Fragen der momentanen Bioethikdebatte dürften Millionen von Menschen die Loyalität mit ihrem Staat aufgekündigt haben.

Dennoch predigt die Kirche sogar Staaten die Moral. Ist der Staat nicht autonom?

Zur Autonomie des Einzelnen habe ich schon etwas gesagt. Fragen wir uns hier zur Autonomie des Staates. Die kommunistischen Regierungen haben sich vor der Wende immer wieder auf ihre staatliche Autonomie berufen, um Freiheitsrechte der Menschen in ihren Staatsbereichen zu beschneiden. Die anderen hätten „kein Recht auf Einmischung in innere Angelegenheiten" hieß es damals. Jedem ist sofort klar, daß es kein Recht auf eine so geartete Autonomie geben kann. Das muß Kirche auch den Diktatoren sagen. Auch ein Unternehmer genießt nicht das Recht auf eine total autonome Handlungsweise. Er muß sich den Prinzipien eines gesitteten Marktes unterwerfen. Er hat die Verpflichtung zu Solidarität und sozialer Gerechtigkeit. Alles menschliche Tun und Lassen steht in Beziehung zur menschlichen Gemeinschaft. Darum muß es nach den Grundsätzen der menschlichen Gemeinschaft geordnet sein. Kirche hat eine besondere Verpflichtung, dieser Weltordnung Sorge zu tragen.

Das Gedankengut, das von Europa – und dann Nordamerika – aus in die Welt ging, hatte zunächst mit historisch bedingtem Christentum – Stichwort: Missionierung als Teil der Kolonialisierung – zu tun, dann aber mit Ideen, die sich verselbständigt hatten: Demokratie, Aufklärung, Emanzipation, modernes Wirtschaften. Die römisch-katholische Kirche hat sich dieser Bewegung nicht angeschlossen, geschweige denn ihr „höhere Weihen" verliehen. Warum wollte und will Rom partout nicht die Zivilreligion des Westens werden?

Daß sich Kolonialisierung mit Missionierung verknüpfte, ist eine spezifische Tragik der Kirchengeschichte. Immer wieder sind die

säkularen Machthaber versucht, Religion für ihre Interessen zu instrumentalisieren. Das Evangelium fordert das Gegenteil und steht nicht auf der Seite der raffinierten Ausbeuter, sondern der Opfer. Nicht die Ausbreitung irdischer Reiche, säkularer Machtstrukturen ist das Ziel der Kirche, sondern die Ausweitung des Bereiches Gottes, des Reiches Gottes, wie Christus sagt, ist das einzige Ziel. Deshalb ist unsere Kirche auch so zurückhaltend, wenn sie den Eindruck haben muß, daß sie instrumentalisiert werden soll, um nur menschliche Ideale zu erreichen wie Demokratie, Aufklärung, Emanzipation, zukunftsfähige Wirtschaft – das alles kann sehr gut sein und widerspricht selbstverständlich nicht grundsätzlich unseren christlichen Vorstellungen –, aber nach der Auffassung der Kirche gehören diese Zielstellungen in den Pflichtenkreis eines Weltauftrages, den jeder Bürger dieser Erde zu erfüllen hat. Ich habe deswegen auch ein ungutes Gefühl, wenn mich heutzutage Politiker immer wieder auffordern, die Wertedebatte von Seiten der Kirche zu unterstützen. Natürlich werden wir das tun, aber soll die Kirche nicht wieder bloß als Lückenbüßer dienen in einer Situation, in der eine Gesellschaft auseinanderzubrechen droht, weil diese Gesellschaft zuvor jahrzehntelang zugelassen hat, daß die Werte mit Füßen getreten wurden? Kirche ist nicht in erster Linie Moralinstanz, sondern eine Gemeinschaft von Menschen, die von Gott auf ein Niveau gebracht werden, auf dem die Achtung der Werte Schritt um Schritt zur Selbstverständlichkeit werden.
Die Kirche darf also nicht wollen, was die jeweilige Gesellschaft von ihr wünscht. Sie hat ihren Auftrag von Gott. ER setzt für uns die Akzente, ER gibt die Maßstäbe.

Aktion: Rettung des Menschen

Die römisch-katholische Kirche ist eine weltumspannende Organisation. Historisch gesehen gehört sie zu Europa und zum Mittelmeerraum. Vom alten Abendland aus startete die europäische Expansion in alle Welt. Mittlerweile sind die Vereinigten

AKTION: RETTUNG DES MENSCHEN

Staaten von Amerika, ein historischer Ableger Europas, die dominante Weltmacht, freilich keine katholische. Doch auch kirchlicherseits hat es Gewichtsverlagerungen gegeben: Asien, Lateinamerika und Afrika sind von der Anzahl der Katholiken dem alten Kontinent weit überlegen. Man spricht von einer erneuten Missionierung Europas durch diese Länder. Will die Kirche die Weltherrschaft?

Der Kirche darf es nicht um Macht und Herrschaft gehen, weder in einer Nation noch in der ganzen Welt. Ihr einziger Auftrag ist nach dem Willen ihres Begründers der Dienst am Menschen zu seinem Besten. Der Vergleich der Kirche mit politischen Machtsystemen führt deshalb immer zu tragischen Mißverständnissen. Sogar schon der Begriff „Organisation" ist irreführend. Geht es doch eher um einen Organismus, um das Zusammenspiel verschiedener Komponenten einer Einheit, die sich gegenseitig geistliches Leben vermitteln wollen. Natürlich muß ich als Christ, der überzeugt ist von seinem Glauben, den Wunsch haben, daß möglichst viele Menschen die befreiende Botschaft des Evangeliums zur Grundlage ihrer Lebensgestaltung machen können. Aber es geht eben nicht um möglichst viele Kirchensteuerzahler, wenn man es nach deutschen Begriffen zum Ausdruck bringen will, sondern es geht um möglichst viele, die das Ziel ihres Lebens erreichen. Vielleicht könnte man auch sehr gut das Bild einer Rettungsaktion wählen. Es kann mir doch nicht egal sein, wie viele Menschen ich aus einer Katastrophe errette. Ich möchte doch, daß möglichst viele den sicheren Hafen erreichen.

Der Denker Baudrillard hat einmal darauf hingewiesen, daß das System der freiheitlichen Gesellschaften des Westens letztlich jede Veränderung, ja jede Revolution absorbiere ... Liegt in der christlichen Maxime, man solle Gott mehr gehorchen als den Menschen, und in der katholischen, die Weisungen der Kirche stünden allemal über den Belangen der Welt, eine einmalige Chance, eine wirkliche Veränderung von Staat und Gesellschaft herbeizuführen?

Die Struktur der Provokation

Von dieser Chance bin ich zutiefst überzeugt. Ich wähle einmal das Beispiel der Tarifkonflikte. Seit Jahrzehnten verfestigt sich in der Gesellschaft die Auffassung, daß es nur eine einzige Lösungsmöglichkeit für Tarifkonflikte gibt: den Arbeitskampf. Opfer dieser fortwährenden Auseinandersetzungen sind die, die ihren Arbeitsplatz verlieren, weil der Betrieb die erhöhten Arbeitskosten sonst nicht verkraften könnte. Da feiern sich einige als große Sieger mit 3 Prozent mehr Lohn in der Tasche, und andere liegen dafür auf der Straße. Hier könnte im Sinne der Rücksichtnahme auf die Opfer des Arbeitskampfes eine Gesinnungsänderung errungen werden. Die Arbeitgeber müßten im Einvernehmen mit den Arbeitnehmern Gewinne so verteilen, daß das Mißtrauen in den Gerechtigkeitssinn der Entlohner Schritt um Schritt verschwindet. Dann müßte niemand mehr um der Kostensenkung willen auf die Straße gesetzt werden.
Ein weiteres Kapitel ist die gerechtere Verteilung der Güter dieser Erde unter den Völkern der ganzen Welt. In der immer stärker zusammenwachsenden Welt kann niemand ohne dramatische Folgen die himmelschreiende Not der Hungernden übersehen. Das Abwarten der im Luxus verwöhnten Völker ist die größte Todsünde unserer Zeit. Hier ist ein Neuanfang unaufschiebbar. Nicht nur aus Angst vor weiteren Terroranschlägen, sondern aus Verpflichtung für die Ärmsten der Armen müssen sich Menschen guten Willens zusammenschließen, um das Sterben durch den Hungertod zu beenden.
Afrika soll leben. Gott will es. Die Völker müssen teilen. Gott will es. Fangen wir bei uns selbst an. Gott will es.
Für diese und weitere Chancen einer christlichen Revolution bedarf es der Festigkeit und Durchhaltekraft der Weitergabe jener Botschaft, die den Menschen von aller Ich-Befangenheit befreit und zum Bruder dessen werden läßt, der Anfang und Ende allen Seins ist.

Das Schlußwort gehört Ihnen, Exzellenz.

Am Schluß dieses Interviews möchte ich nicht verschweigen, daß manche Fragen und Antworten einer spirituellen Vertie-

fung bedürften. Das Leben ist weit mehr Geheimnis, als wir zu sagen wagen.
Der Mensch hat ein unbeschreibliches Bedürfnis, Zukunft in die Welt zu setzen, wie Maria im Stall von Bethlehem. Dieses innerste Getriebensein durch Gottes Geist überschreitet die Faßbarkeit in einem Frage- und Antwortspiel. Deswegen: Unterschlagen wir nicht das Geheimnis!
Schauen wir aber auch gleichzeitig auf die erstaunlichen Aufbrüche zum Guten, wie sie sich gerade mit der Flutkatastrophe im Sommer 2002 gezeigt haben:
Ich bin sofort in die Zentren der schrecklichen Überschwemmung gefahren, um den Menschen vor Ort beizustehen. Überall habe ich Tausende Helfer, besonders Jugendliche angetroffen, die den Menschen in ihren Nöten tatkräftig beigestanden haben. Junge Leute mitten im Schlamm, zupackend, ohne sich zu schonen, damit die Betroffenen nicht in ihrem Elend allein bleiben.
Die Sachsen sind schlagartig zu Freunden geworden, die sich gegenseitig unter die Arme greifen. Da kann man nur sagen: Das Evangelium lebt. Nicht nur bei den Getauften, sondern der Geist der Liebe zum Nächsten hat die allermeisten ergriffen.
Katastrophen können zeigen, wie viel Gutes im Menschen steckt. Hoffen wir, daß es nicht immer erst der Katastrophe bedarf, um uns zum Gutsein zu befreien.

Weitere Bücher aus der Reihe
Im Gespräch

Friedrich Kardinal Wetter
im Gespräch mit Walter Flemmer

Verantwortung vor Gott

Freiheit und Verantwortung sind zwei Seiten der gleichen Münze. Der von Gott geschaffene, freie Mensch ist verantwortlich für sein eigenes Leben, für seine Mitmenschen und schließlich auch verantwortlich vor Gott.
Walter Flemmer, Journalist und langjähriger Leiter der Kulturabteilung des Bayerischen Rundfunks, hat mit dem Erzbischof von München und Freising, Friedrich Kardinal Wetter, über die Dimensionen der Verantwortung des Menschen vor Gott in Geschichte, Politik und Alltag gesprochen. Ein Gespräch mitten in einer Zeit, in der wir technisch immer mehr können und in der sich mit immer größerer Dringlichkeit die Frage nach den Grenzen des „Dürfens" stellt.

13,5 x 21,5 cm, Geb., 176 Seiten
ISBN 3-929246-84-8

Sankt Ulrich Verlag

**Miloslav Kardinal Vlk
im Gespräch mit Rudolf Kučera**
Wird Europa heindnisch?
ISBN 3-929246-42-2

**Bischof Walter Mixa
im Gespräch mit Norbert Matern**
Priester für die Welt
ISBN 3-929246-43-0

**Georg Kardinal Sterzinsky
im Gespräch mit Helmut S. Ruppert**
Unter besonderem Schutz ...
ISBN 3-929246-73-2

**Francis Kardinal Arinze
im Gespräch mit Helmut S. Ruppert**
Brücken bauen
ISBN 3-929246-49-X

**Jean Marie Kardinal Lustiger
im Gespräch mit J.-L. Missika u. D. Wolton**
Gotteswahl
ISBN 3-929246-79-1

**Erzbischof John P. Foley
im Gespräch mit Ulrich Bobinger**
Gott im globalen Dorf
ISBN 3-929246-53-8

Sankt Ulrich Verlag